Rosner
# Menschenkenntnis für Verkäufer

Ludwig Rosner

# MENSCHENKENNTNIS FÜR VERKÄUFER

## Die 42 wichtigsten Kunden-Typen besser einschätzen, persönlicher behandeln, individueller betreuen

GABLER

Die Deutsche Bibliothek – CIP-Einheitsaufnahme

**Rosner, Ludwig:**
Menschenkenntnis für Verkäufer : die 42 wichtigsten
Kundentypen ; besser einschätzen, persönlicher behandeln,
individueller betreuen / Ludwig Rosner. – Wiesbaden :
Gabler, 1994
  (Das Sales-Profi-Buch)
  ISBN 3-409-19693-5

Der Gabler Verlag ist ein Unternehmen der Verlagsgruppe Bertelsmann International.

© Betriebswirtschaftlicher Verlag Dr. Th. Gabler GmbH, Wiesbaden 1994
Lektorat: Manuela Eckstein

Höchste inhaltliche und technische Qualität unserer Produkte ist unser Ziel. Bei der
Produktion und Verbreitung unserer Bücher wollen wir die Umwelt schonen: Dieses
Buch ist auf säurefreiem und chlorfrei gebleichtem Papier gedruckt. Die Einschweiß-
folie besteht aus Polyäthylen und damit aus organischen Grundstoffen, die weder bei
der Herstellung noch bei der Verbrennung Schadstoffe freisetzen.

Die Wiedergabe von Gebrauchsnamen, Handelsnamen, Warenbezeichnungen usw. in
diesem Werk berechtigt auch ohne besondere Kennzeichnung nicht zu der Annahme,
daß solche Namen im Sinne der Warenzeichen- und Markenschutz-Gesetzgebung als
frei zu betrachten wären und daher von jedermann benutzt werden dürften.

Umschlaggestaltung: Schrimpf und Partner, Wiesbaden
Satz: FROMM Verlagsservice GmbH, Idstein
Druck und Bindung: Wilhelm & Adam, Heusenstamm
Printed in Germany

ISBN 3-409-19693-5

# Inhalt

# Zum Buch

Jeder Mensch beurteilt nahezu täglich andere Menschen. Besonders bei Verkäufern gehört zum täglichen Entscheidungsprozeß und Verhaltensrepertoire, Informationen über bestimmte Personen aufzunehmen und zu verarbeiten. Sie bewerten individuelle Merkmale, Gemeinsamkeiten und Unterschiede zwischen Personen und Situationen. Von ihrem Urteil, von ihrer Menschenkenntnis hängt der verkäuferische Erfolg ab. Die meisten Verkäufer sind heute geschult in Verkaufs- und Argumentationstechniken, in Gesprächsführung und Einwandbehandlung. Die „Psychologie" des Kunden kommt jedoch oft zu kurz.

Mit zwei wichtigen Problemen wird der Verkäufer alleingelassen: mit der schnellen und richtigen Einschätzung seines Gegenübers – denn oft entscheidet der „erste Eindruck" – und der verläßlichen Analyse. Hier setzt dieses Buch mit einer besonderen, in der Praxis erprobten Typologie an. Kundenpsychologie ist angewandte Menschenkenntnis. Sie hat die Souveränität im Umgang mit Menschen unterschiedlicher Persönlichkeit, leichten und schwierigen Charakters, als lohnendes Ziel.

Neunkirchen, im Mai 1994                              *Ludwig Rosner*

# 1. Einführung

Ökonomische Modelle versagen allzuoft, weil sie keine oder nur einseitige Komponenten für den menschlichen Faktor enthalten. Soweit Produkte oder Dienstleistungen ein eigenes Image haben, liegt die Suche nach adäquaten Persönlichkeitseigenschaften der potentiellen Zielgruppen und Verbraucher nahe. Welcher Persönlichkeitstyp ist gemeint: der nüchterne Pragmatiker, der ängstliche Pedant, der vital Unbekümmerte? Empirisch ausgewählte und charakterologisch definierte Persönlichkeitstypen können eindeutige Zielgruppen sein. Spricht man zu ihnen mit dem Werbetext, der Produktbeschreibung, dem Brief oder dem lebendigen Wort, bleibt die Antwort nicht aus. Der Charakter, Prägung und Verhaltensstil, die individuelle Motivation, die typusabhängig ist, und das entsprechend bestimmte Wollen geben die erwünschte Antwort.

Der geschulte Verkäufer weiß, wie er sich verhalten muß, wie er auf den Kunden eingehen und seine Sache präsentieren muß, wie er auf Fragen geschickt antwortet, Einwände behandelt, was er bei Widerstand tun kann und wie er mit „schwierigen" Kunden fertig wird. Er weiß aber weniger genau, wie unterschiedliche Menschen- und Charaktertypen behandelt werden wollen, mit welcher Motivation oder Verhaltensweise des Kunden zu rechnen ist.

Diese Lücke ist zu schließen, indem man die eigene Menschenkenntnis überprüft, die „individuelle Typologie" (die jeder sein eigen nennt) vertieft und verbreitert. Durch Verständnis für den „einmaligen" Persönlichkeitstypus des Kunden (damit die „Kundennähe" stimmt!), durch Souveränität im Umgang mit Menschen unterschiedlicher Persönlichkeit und nicht zuletzt durch die Klärung der Frage: Wie bin ich? Wie wirke ich auf andere? Wie sehe ich – unbewußt – den anderen durch die subjektive Brille meiner eigenen Persönlichkeit? läßt sich der Umgang mit dem Kunden deutlich verbessern.

In diesem Buch werden häufig anzutreffende Verhaltenstypen aus der Lebenserfahrung der Verkäufer beschrieben: beispielsweise der Geltungsbedürftige, der Kontaktmensch oder der Verschlossene, der Pedant, Nörgler oder Machtmensch, der Intro- oder Extrovertierte, der Pragmatiker oder Beamtentypus. Anschließend werden diese „Typen" näher untersucht, auf die Persönlichkeitsstruktur hin analysiert und Wesentliches wird nochmals hervorgehoben. So ist eine überzeugende Charakterisierung und Einordnung möglich. Worauf es in der persönlichkeitsgerechten Behandlung ankommt, steht in den anschließenden knappen Zusammenfassungen. Ziel ist die treffsichere Einordnung aller Gesprächspartner, um so einen persönlichen und menschlichen Zugang zu ihnen zu finden.

Insgesamt stehen 42 Charaktertypen zur Verfügung. Diese Typologie ist gleichzeitig ein Kompendium für die Überprüfung und Erweiterung der Menschenkenntnis jedes Verkäufers.

*Persönlichkeitstypen* sind keine neue Erfindung. Neu ist die Ausrichtung an ihnen. Erprobt wurden sie im Verkauf, im Kundendienst und am Telefon. Dazu wurde eigens die Erkennung an wesentlichen Merkmalen, am Gesprächsverhalten und den Motiven präzisiert. Dabei zeigte sich, daß die Kommunikation meist sehr schnell in Richtung des erkannten oder zunächst nur vermuteten Typus erfolgte und dann die „Behandlung" individuell angepaßt werden konnte.

Das Buch soll den Leser in die Lage versetzen,

➪ Menschenkenntnis anhand einer erprobten und bewährten Persönlichkeits- und Charaktertypologie anzuwenden;

⇨ individualtypische Motive von Gesprächs- und Verhandlungspartnern zu erkennen;

⇨ die Motive der Gesprächspartner besser zu verstehen, um auf bestimmte Verhaltensformen gezielter eingehen zu können;

⇨ sich selbst besser kennenzulernen, um im Spiegel der eigenen Persönlichkeit (Erscheinung, Wirkung, Argumentation und Glaubwürdigkeit) andere weniger „subjektiv" wahrzunehmen und auch mit schwierigen Partnern besser verhandeln zu können.

# 2. Die „individuelle Persönlichkeitstheorie"

Dreh- und Angelpunkt der Menschenkenntnis und Menschenein-
schätzung ist es, das Verhalten oder Handeln eines Menschen
*vorauszusehen* oder gar vorauszusagen. Obwohl man weiß, daß es
schwierig ist, über das Verhalten eines Menschen in einer konkreten
– in der Regel komplexen – Situation in anspruchsvollem Sinne
eine Vorhersage zu machen, will man doch wissen,

⇨ „Was wird der Müller tun, wenn ...?"

⇨ „Wie wird die Verkäuferin X darauf reagieren?"

⇨ „Wie wird der Kunde Y sich in der Situation Z verhalten?"

Aus Erfahrung wissen wir, daß solche Vorhersagen tatsächlich oft
richtig gemacht werden. Wie ist das möglich? – Wahrscheinlich
läuft alles über das Erkennen des Typus. Daß ein Mensch (d. h. das,
was seine Persönlichkeit ausmacht) *das ist*, was eine Vorhersage
darüber erlaubt, „was er als Typus Y in einer gegebenen Situation
X tun wird", ist schon eine waghalsige Behauptung. Wenn wir
einen Menschen wirklich kennen, wissen wir auch, was er tun wird:
Unser Freund Max wird so oder so eingeschätzt, wir wissen, wie
er beispielsweise eine Information aufnimmt, verarbeitet und darauf
reagiert. Wir „kennen" ihn eben.

Vorahnungen oder Vorhersagen fremden Verhaltens sind also möglich und in der Praxis genauso wichtig wie die Einschätzung der
eigenen Persönlichkeit und des eigenen Verhaltens.

Allerdings sind Verkäufer nicht immer ausgezeichnete Menschenkenner. Ihre „selbstgestrickten" Theorien erweisen sich häufig als
mangelhaft. Die Ursache hierfür ist oft das falsche Konstruktsystem.

13

So, wie jeder eine Landschaft, ein Stück Garten oder eine komplizierte Maschine wahrnimmt und im Kopf speichert und beurteilt, so tut er das auch mit Menschen. Jeder Mensch hat so seine Theorie von den Menschen – eine subjektive, individuelle Theorie. Selbstgestrickte Theorien sind besonders im Bereich der Menschenkenntnis verbreitet. Was taugen sie? Was leisten sie? Die Frage, die man sich stellt, ist: Wie ist der andere? Welche „personellen Konstrukte" bilde ich mir über ihn, das heißt, anhand welcher Vorannahmen oder Typen klassifiziere oder erkläre ich mir sein Verhalten? Wir füllen Beobachtungen und erhaltene Informationen in unser Konstruktsystem ein, „passen" den Menschen dem gespeicherten Typus an, und seine Persönlichkeit wird sein Konstruktsystem.

Das klingt merkwürdig, ist aber richtig. Denn so, wie wir einen Menschen in uns aufnehmen, so ist er dann. Andererseits gilt: Wir können miteinander erst umgehen, wenn wir uns auf die Konstrukte unseres Gegenübers einlassen. Ist der andere nun anmaßend, bescheiden, weltoffen oder ein Grübler – wir nehmen ihn, wie er sich gefällt. Erst dann können wir eine Rolle in einem gemeinsamen sozialen Prozeß spielen, sei es als Gesprächspartner, Vorgesetzter oder Kunde.

Am Anfang muß das „Schubkastendenken" beiseite geschoben und das vorhandene Wissen über Menschen psychologisch geordnet, die „selbstgestrickte Menschenkenntnis" also gründlich überprüft werden. Die subjektive Einschätzung von Menschen, die oft fatalen Wirkungen des „ersten Eindrucks", von Sympathie und Antipathie, persönlichen Vorlieben für Menschen bestimmter Art, aber auch emotionale Faktoren, wie beispielsweise die „richtige Wellenlänge" oder Voreingenommenheiten, sind nicht einfach zu negieren. Sie sind existent und haben ihren Ausgangsort in der Persönlichkeit des Verkäufers selbst. Daher ist eine Selbstanalyse angezeigt, auf die wir in Kapitel 9 und 10 näher eingehen werden.

Verkäufer begegnen vielen Menschen, und meist kommt es auf den ersten Eindruck an. Der „erste Eindruck" ist eine unausgesprochene Beurteilung, die sich nur indirekt an ihren Auswirkungen erkennen läßt, aber sie hat eine ungeheuer praktische Relevanz für die künftigen Beziehungen. Denn bevor der Verkäufer sein Gegenüber erkannt hat, macht er im stillen bereits Prognosen über Offenheit, Vertrauenswürdigkeit, Kompromißbereitschaft und dergleichen, was sein Verhalten lange beeinflußt. Dem „ersten Eindruck" liegt eine Personenwahrnehmung zugrunde, die Eigenschaften, Stimmungen und Gefühle erfaßt. Ob sie echt und dauerhaft sind, weiß man nicht. Das eigentlich noch unbekannte Gegenüber ist zudem im Zusammenhang mit der Kunde-/Verkäufer-Situation einzuschätzen. Die Eindrucksbildung ist nicht analytisch. Das Ergebnis hat die Form der intuitiven Informationsverarbeitung. In dieser Situation spielt die verstandesmäßige Komponente noch keine Rolle. Erschwerend kommt hinzu, daß jede erste Begegnung, was die Wahrnehmung des jeweils anderen anbelangt, ein wechselseitiger Prozeß ist: Jeder beurteilt jeden.

Wie können wir dieses Dilemma lösen? – Sicher haben Sie den einen oder anderen Kunden, der Ihr persönliches Interesse weckt, über den Sie sich aber nicht klar sind, wie er einzuordnen ist, der Ihnen auch Schwierigkeiten in der Behandlung macht. Versuchen Sie, ihn über folgende Beschreibung näher zu definieren:

⇨ *Gesamterscheinung:*
z. B. sympathisch/unsympathisch, gepflegt/ungepflegt, Alterseindruck, Manieren, Körperbau, Körperhaltung

⇨ *Gesichtsausdruck:*
z. B. offen/verschlossen, entspannt/verkrampft, ernst/heiter

⇨ *Blick:*
  z. B. stetig/abirrend, offen/verschlossen, mißtrauisch, fixierend, abweisend, lauernd

⇨ *Auftreten:*
  z. B. ruhig/sachlich/bescheiden/anmaßend usw., Händedruck, Gang, Sprache, Sprechtempo, Ausdrucksweise

⇨ *Gesprächsführung/Argumentation:*
  z. B. vertraulich/kalt, flott/schleppend, zielgerichtet/umständlich, überzeugend/unsachlich, geschliffen/stur

⇨ *Mitmenschliches Verhalten:*
  z. B. verständnisvoll/verständnislos, hilfsbereit/uninteressiert, großspurig, autoritär

Versuchen Sie, den intuitiven Eindruck zu konzentrieren:

| Ist der Kunde ... | |
| --- | --- |
| ... eher ... | ... oder ... |
| **labil** | **stabil** |
| launisch | ausgeglichen |
| empfindlich | sorglos |
| ängstlich | tonangebend |
| unruhig | ruhig |
| bedrückt | lebhaft |
| reizbar | beherrscht |
| **introvertiert** | **extrovertiert** |
| zurückhaltend | impulsiv |
| schweigsam | kommunikativ |
| ungesellig | gesellig |
| passiv | aktiv |
| nachdenklich | gesprächig |
| sorgsam | lässig |

⇨ Wie ist Ihr erster Eindruck, nachdem Sie die Tür hinter ihm geschlossen haben?

⇨ Was stört Sie an seiner Person, was fällt Ihnen negativ auf?

⇨ Mit welcher seiner Eigenschaften oder Verhaltensweisen kamen Sie nicht zurecht?

⇨ Was haben Sie schon versucht, und worauf werden Sie bei der nächsten Begegnung besonders achten?

Personenwahrnehmung ist ein höchst individueller Vorgang. Wenn man sich nicht kontrolliert, stehen allen möglichen Fehlurteilen Tür und Tor offen. Persönliche Konstrukte, man kann auch sagen „private Persönlichkeitstheorien", als Denk- und Orientierungshilfen sollen nicht ganz ausgeschlossen werden. Sie wirken als ein (scheinbar logisches) System, welches Wahrnehmung und das Urteil organisieren und strukturieren hilft. „Den Typ kenn' ich, Schulze war genauso" – das mag stimmen (oder auch nicht!). Aber: In diesem Sinne fließen z. B. Auffassungen des Beurteilers über Wert und Unwert, Vorkommen, Häufigkeit und Ausprägung von Persönlichkeitsmerkmalen in sein Urteil ein! Das kann das Ergebnis verfälschen.

Man muß prüfen, inwieweit man von unausgesprochenen Vorannahmen ausgeht, was Menschen allgemein und die Einzelpersönlichkeit im besonderen angeht. Denn Eigenschaften und Merkmale anderer Personen werden in der Regel nicht wertfrei gesehen. Im Extremfall sind Menschen nach solchen „privaten" Persönlichkeitstheorien entweder „geeignet" oder „ungeeignet", „gut" oder „schlecht", „strebsam" oder „faul", „aufgeschlossen" oder „verstockt", „ernsthaft" oder „oberflächlich", „fundiert" oder „einfache Mitläufer". Sie sind von dieser oder jener Seite her „Marschierer" oder „müde Krieger", „Realisten" oder „Phantasten", „einer von dieser oder jener Sorte". Der eine ist „zu jung für den Job", andere „haben kein Format" oder sind einfach „ungeeignet", ohne daß dies näher begründet wird.

Fassen wir die wesentlichen Täuschungs- und Irrtumsmöglichkeiten zusammen:

1. Jeder Kontakt zwischen Menschen geht mit gegenseitiger Beurteilung einher. Beurteilen Sie den anderen „günstig", so wird auch sein Urteil über Sie im besseren Licht erscheinen.

2. Beurteilungen nach dem „ersten Eindruck" sind von Erfahrungen mit äußerlich ähnlichen Personen stark geprägt. Das Aussehen eines Menschen hat aber wenig mit seiner Persönlichkeit zu tun. Versuchen Sie, sich davon frei zu machen.

3. Übertragungsfehler entstehen, wenn Sie in einer Person Merkmale oder Motive wahrnehmen, die ein anderer in der gleichen Position hatte.

4. Viele Verkäufer begehen folgenden Fehler: Sie nehmen Merkmale und Motive bei anderen wahr, die sie selbst haben oder die sie selbst haben möchten. Dieser „Ähnlichkeitsfehler" kann in einer belanglosen Situation willkommen sein, in einem Autoritätsverhältnis aber als Anbiederung empfunden werden.

5. Manchmal tritt die Neigung zutage, dem Kunden entgegengesetzte Merkmalsausprägungen zuzuschreiben, als man selbst hat oder als man sich selbst zuschreibt: Er ist ein Pfennigfuchser; er manipuliert ständig; er will nur selbst gut herauskommen, usw. Dieser Kontrast-Fehler erklärt sich auch anhand des Beispiels des guten Verkäufers: Je mehr Erfolg er hat, desto mehr Schwache, Erbsenzähler und Nichtskönner sieht er auf der anderen Seite.

6. Verallgemeinerungsfehler passieren häufig: Aufgrund einzelner situativer Beobachtungen wird darauf geschlossen, daß der Betreffende insgesamt so sei, z. B. unpünktlich, kurz angebunden, unzuverlässig.

7. Wer die Neigung hat, seine Erwartungen aufgrund von Vorannahmen im Kundengespräch bestätigt zu sehen, kann leicht enttäuscht werden. Vielleicht war er zu optimistisch, oder er besitzt eine geringe Konflikttoleranz, hat sich deswegen alles rosig vorgestellt. Ein solcher Erwartungsfehler kann die emotionale Seite so sehr beeinflussen, daß man die realen Chancen im Gespräch kaum wahrnimmt.

8. Schwarzweißmalerei ist gelegentlich Ursache für andere Mißerfolge. Das Abgeben extremer Urteile, und zwar gehäuft in bezug auf eine Gruppe mit weitgehend homogener Merkmalsausprägung, z. B. „die Beamten sind so …", beruht auf Einzelerfahrungen, kann darüber hinaus aber auch der verborgene Wunsch sein, in bezug auf diese Gruppe nichts in der Schwebe zu lassen oder jedem vorauszusehenden Konflikt aus dem Wege zu gehen.

9. Hof-Effekt und Sympathiefehler sind sehr verbreitet. Beim ersten überstrahlt ein hervorstechendes Merkmal oder der Gesamteindruck so stark, daß andere Merkmale in den Schatten treten oder gar nicht wahrgenommen werden. Beim zweiten herrscht die Tendenz vor, sympathisch erlebten Menschen generell gute Eigenschaften zuzuschreiben.

10. Fehler der Nähe nennt man die Tendenz eines Beurteilers, Merkmale ähnlich zu beurteilen, wenn sie miteinander verknüpft sind, wie z. B. wer intelligent ist, ist auch schlau, und wer schlau ist, macht keinen Blödsinn.

# 3. Persönlichkeit und Menschentypus

Zunächst eine Feststellung: Jeder ist einmalig. Diesen Sachverhalt drückt das Wort Individuum aus. Alle, auch die winzigsten Merkmale zusammengezählt, ergeben das Individuum, ein einmaliges Wesen der Gattung Mensch. Aus der Gesamtpersönlichkeit treten jedoch häufig einzelne Merkmale deutlich hervor. Im betrieblichen Alltag der Beurteilung fallen besonders die überstarken Ausprägungen ins Gewicht: Der einzelne wird zum „Zuverlässigen" oder „Unzuverlässigen", zum „Kontaktmenschen" oder „Außenseiter", zum „Autoritären" oder „Angepaßten" usw. Das heißt, er wird zum Typus. Die Komplexität der Persönlichkeit bleibt dabei jedoch allzu oft auf der Strecke. Sofern es sich bei solchen Typisierungen um durchgehende Charakterzüge handelt, ist neben dem Erscheinungsbild der seelische Hintergrund auszuleuchten.

Während mit „Person" ein Mensch ganz allgemein, ohne jede Zuschreibung von Eigenschaften gemeint ist, zielt das Wort Persönlichkeit auf spezifische Merkmale eines Menschen ab. Die Komplexität des Aufbaus der Persönlichkeit ist ebenso angesprochen wie auch die relative Konstanz der Grundstruktur einer Persönlichkeit. Persönlichkeitsunterschiede – Persönlichkeitstypen – sind als spezifische Reaktionsgewohnheiten aufzufassen: Typus A wird in einer bestimmten Kaufsituation anders reagieren als Typus B.

In diesem Zusammenhang sei noch das Wort Charakter erläutert. Im weitesten Sinne meint man damit eine Eigenart oder Eigentümlichkeit eines Menschen (Geiz, Großzügigkeit, Moral usw.). Meist mit eingeschlossen ist der Gedanke des Person-Werdens (z. B.: er stammt aus einer puritanischen Familie) oder des Person-Seins (z. B.: er ist ein Pedant). Es versteht sich, daß auch der sittliche

Charakter mitgemeint ist (z. B.: Er ist ein Moralist). Auf alle Fälle denkt man bei dem Wort an Festigkeit und bleibende Einstellungen.

Da Persönlichkeit der umfassendere Begriff ist, wird dieser am meisten gebraucht. Typus ist in der Einteilung aller Persönlichkeiten in ein System ein Kunstgriff. Ein solches System bildet den Bezugsrahmen zur Erklärung und Beschreibung jenes Verhaltens und Erlebens, das für eine bestimmte Person relevant ist. Ein Typus bedeutet eine Vereinheitlichung, sicher aber auch eine Vereinseitigung, in klarer Form sogar eine Übersteigerung des oder der wesentlichen Merkmale. Der Typus gibt aber den Hintergrund, auf dem die Individualität um so leichter zu erkennen ist. Er bringt das Gemeinsame einer bestimmten Gruppe von Individualitäten zum Ausdruck.

Die Typologie entsteht zunächst durch Beobachtung, dann durch Beschreibung. Was ist typisch? Was wiederholt sich? Was ist an einer Reihe von beobachteten Merkmalen konstant, was nur situationsbedingt?

Merkmale und Eigenschaften müssen beschrieben, d. h. zur Wiedererkennung formuliert werden. Das allein genügt aber nicht: Wir müssen Verhalten auch erklären können, um eine Vorhersage für künftiges Verhalten zu machen. So sind die 42 beschriebenen Typen zu verstehen, als Analyse und gleichzeitig als Handlungsweise.

Greifen wir zwei Typen heraus, den Pedanten und den Geltungsbedürftigen (Beschreibung auf den Seiten 56 und 102). In Kurzform müssen wir uns bei dem einen auf die geschlossene Abwehrhaltung gegenüber allem und jedem, was nicht „vorschriftengetreu" ist, bei dem anderen im Gegenteil auf Aufgeschlossenheit und Hellhörigkeit gegenüber allem gefaßt machen, was seinen Geltungsanspruch erklären könnte.

In der Sprache der Verkäufer, besonders was ihre „schwierigen" Kunden anbelangt, kommen etwa die folgenden Bezeichnungen und Kurzcharakteristiken vor:

⇨ *Die Dominanten*
Sie streben nach Selbstbehauptung und Unabhängigkeit, sind bestimmt in Auftreten und Haltung, durchsetzungsstark, oft gebieterisch, jedenfalls auf die eine oder andere Weise vorherrschend.

⇨ *Die Super-Verläßlichen*
Sie sind gewissenhaft bis pedantisch, beharrlich, ausdauernd, stetig, haben Prinzipien; sie sind emotional unabhängig, sehr pflicht- und verantwortungsbewußt.

⇨ *Die „Dickhäuter"*
Sie sind ruhig, überlegend, ausgeglichen, gelassen, beständig, kaum je gefühlsgelenkt, schwer erregbar, eben „Dickhäuter", die viel vertragen.

⇨ *Die „Dünnhäuter"*
Sie sind feinfühlig, empfindlich, gefühlsgelenkt. Nüchterne Gefühllosigkeit erschreckt sie; sie zeigen Verhaltenseigenschaften, die auf eine sensible, sanfte, zartbesaitete und eher behütet-verwöhnte Persönlichkeit hinweisen.

⇨ *Die „Aalglatten"*
Das sind die flexiblen Anpasser. Sie schlüpfen sozusagen in jede Rolle und halten wenig von Konventionen. Eigentlich sind sie ausgeprägte Egoisten.

⇨ *Die Radikalen*
Gemeint sind Menschen mit sehr geringer Anpassung an allgemein gültige Normen des Verhaltens. Sie „sind, wie sie sind", intolerant, aggressiv, rücksichtslos.

⇨ *Die Konventionellen*
Sie halten fest an sozialen Verhaltensregeln und Gewohnheiten, auch wenn diese von gestern sind. Sie selbst verschwinden dahinter. (Das starre, stereotype Haften an sozialen Regeln und Vorschriften ist oft auch ein Charakteristikum der autoritären Persönlichkeit.)

⇨ *Die Kontaktfreudigen*
Sie sind nach außen gerichtet, kontaktbereit, geben sich unkompliziert und anteilnehmend, ja warmherzig. Dieses großzügige heitere Wesen will den anderen von Anfang an voll „vereinnahmen".

⇨ *Die Mißtrauischen*
Argwöhnisch, mißtrauisch – ohne Verständnis, Duldsamkeit und Versöhnlichkeit – bleiben sie anderen gegenüber mißgünstig und feindselig.

Es zeigt sich, daß erfahrene Verkäufer ein gut entwickeltes Gespür für den Typus haben. Um den anderen zu erkennen, gilt es, folgendes in seine Überlegungen einzubeziehen: Jeder „konstruiert" sich seine Welt selbst. Sie ist so oder so, und der einzelne erscheint in dieser oder jener Rolle. Danach erwartet er, daß sich ein Ereignis auch so ergeben wird. Weiß der Verkäufer nicht, daß sein Gesprächspartner jemand ist, der aufgrund seiner Persönlichkeit Dominanz braucht, weil er Furcht hat, unterlegen zu sein, so kann er sich auf einiges gefaßt machen. Es ist wichtig, sich von vornherein auf diese Möglichkeit einzustellen! Zur Klärung unseres Problems einer „Selbstkontrolle" (das eigene Verhalten muß diszipliniert werden), ist es wichtig zu wissen, wie wir diesem Typus begegnen werden: Ebenso dominant, die eigene Dominanz zurücknehmend oder sich unterordnend? Das Konstruieren von Ereignissen, etwa wie die Verhandlung verlaufen wird, schließt auf beiden Seiten immer auch persönlich wertende Maßstäbe ein. Diese muß man in den Griff bekommen.

Machen wir es uns ein bißchen schwer: Wie werden wir dem Typus gegenübertreten? Nun, der Psychologe in uns muß in seinem Erkenntnisprozeß die „Konstrukte" seines Gegenübers durchspielen. Wie denkt und fühlt der Dominante? – Es kann nicht darum gehen, die Konstrukte der eigenen Persönlichkeit in seinem Gegenüber abzubilden, in ihm etwa den „bösen Autoritären" zu sehen oder, wenn man selbst dominant ist, sich zu freuen, daß man sich in ihm wiederfindet. Beides wird nachhaltige – negative – Folgen im Verkaufsgespräch haben.

Wichtig ist, sich in den anderen hineinzudenken, wenn möglich, sich in ihn hineinzuversetzen. Gelingt das, so ist es nicht mehr schwer, auch seine Sprache zu sprechen. Das ist keine Selbstverleugnung, eher eine Erhöhung des eigenen Selbst. Denn wir haben uns diszipliniert und dem anderen die Freude bereitet, seine Persönlichkeit bestätigt zu finden.

# 4. Wie ist der Typus?

Leider tragen unsere Mitmenschen kein Typenschild. Aber der Stil eines Menschen ist ablesbar an seinem Verhalten. Er gibt dem Verhalten das individuelle Gepräge, weist ihn als Typus aus.

In der ersten Beobachtungsphase konzentriert man sich auf herausragende Verhaltensmerkmale. Diese können in einer konkreten Situation Geltungsanspruch, Statusbewußtsein, ehrgeizige Strebsamkeit oder einfach Dominanz sein. Dieser Verhaltenskomplex ist zu diffus, um darauf reagieren zu können. Denn zunächst scheinen Menschen mit diesen Verhaltensmerkmalen ähnlich oder identisch zu sein:

⇨ Menschen mit Geltungsanspruch

⇨ Statusbewußte

⇨ Streber oder Ehrgeizlinge

⇨ Dominante

Würde man dem ersteren Streicheleinheiten bezüglich seiner Statussymbole verabreichen, dem zweiten seinen besonderen Ehrgeiz bestätigen, dem dritten seine „herausragende Position" fühlen lassen und den vierten wie einen Geltungsbedürftigen behandeln, so darf man sich auf einige Irritationen bei allen Vier gefaßt machen. So waren Stil und Verhalten nicht gemeint. Sie fühlen sich von der falschen Seite angesprochen. Der Stil kann vielmehr identifiziert werden, wenn man die typusbedingten Merkmale heranzieht:

| Wenn ... | Dann ... |
| --- | --- |
| Geltung | anmaßendes Auftreten (Kompensation) |
| Statusbewußtsein | Symbole, Utensilien, Rollenspiel |
| Ehrgeiz | konzentriertes Verhalten, Disziplin |
| Dominanz | Zeigen von Stärke, Verhalten des Übergeordneten |

Meist hilft auch die Frage weiter: Was soll das Verhalten bewirken, das heißt, welche Motive steuern das Verhalten: Geltung erlangen und behalten, den Status als Teil der eigenen Persönlichkeit offerieren, Zielstrebigkeit, Selbstdisziplin und eindeutiges Wollen spüren zu lassen oder das Obensein demonstrieren?

Ist der Eindruck deutlich genug, so kann die Einordnung der Verhaltensmerkmale in den vermuteten Typus beginnen. Stimmen auch die weiteren Äußerungen und Beobachtungen damit überein, so ist der Typus (zumindest vorläufig) gefunden. – Viele Menschen verstellen sich aber, tragen eine Maske oder spielen eine Rolle. Fassade und Maske täuschen eine Persönlichkeit vor, die der Betreffende nicht hat, sich selbst aber zuschreibt. Warum er das tut, kann verschiedene Ursachen haben: Kompensation von Minderwertigkeitsgefühlen, mangelhaft ausgeprägte Selbstwertgefühle, einschneidende negative Erlebnisse, wenn einmal die „wahre Persönlichkeit" gezeigt wurde.

Die Maske läßt sich an der Übersteigerung dessen erkennen, was dargestellt wird. Je gekonnter eine Maske getragen wird, desto erfolgreicher ist der Betreffende. Der Arglistige maskiert sich so,

daß er vertrauenerweckend wirkt, der Durchtriebene durch Bieder-
keit, der Ehrgeizige durch „gesunde Strebsamkeit".

Es leuchtet ein, daß ein als Typus X eingestufter Mensch etwas
dagegen tun wird, nicht sofort als dieser Typus erkannt zu werden.
Der Pedant wird sich als pflichtbewußter Mensch tarnen, der
Machthungrige als Charmeur, der Autoritäre als Vatertyp. Dieses
Spiel ist bekannt und für den Menschenkenner leicht durchschau-
bar. Ja, man kann sagen, daß Tarnung und Verstellung das Erkennen
erleichtern, weil eine einseitige Übersteigerung des Verhaltens
vorliegt.

Nicht ganz so leicht ist das Durchschauen der Maske. In ihr fließen
Wahres, d. h. Echtes, mit Teilen des Ich-Bewußtseins zusammen.
Da eine Maske nicht wie im Karneval von Mal zu Mal aufgesetzt
und variiert wird, sondern wie die Fassade zum Bau zur eigenen
Persönlichkeit gehört, muß man sorgfältig in den Gesichtszügen
lesen. Was hat sich dort im Laufe der Jahre oder Jahrzehnte einge-
prägt? Was „sagen" die Augen, der Mund, die Hände, die Körperhaltung?

Auf die Komplexität der Persönlichkeit haben wir bereits einen
Blick geworfen. Bei guter Beobachtung und möglichst wertfreier
Einordnung summieren sich jedoch die Merkmale und deuten
zielsicher auf den entsprechenden Typus. Die richtige Einordnung
in die Typologie schafft den Zugang zur Persönlichkeit des Kunden.

Zwar ist alles, was wir „Typus" nennen, ein scheinbar fiktives
Schema – eine schematische Abstraktion, wie es auch die Persönlichkeit ist –, aber die typischen Reaktionsneigungen des einen oder
anderen sind nicht zufällig. Aus einer Gruppe von typischen Handlungen, Strebungen und Lebenszielen, die ein Mensch zeigt, geht
eindeutig die Erwartung hervor, daß er sich auch weiterhin so geben

wird. Die Situation kann sich ändern, die Konstitution sich ab-
schwächen, aber die Vorstellung, die der Betroffene von sich selbst,
seinen Lebenszielen oder Leistungsmöglichkeiten hat, bleibt beste-
hen. Im Alter steht das Persönlichkeitsschema wie ein leeres,
starres Gerüst. Der vitale Untergrund fehlt. Der Glaube, man sei
immer noch der Alte, bleibt.

# 5. Bekannte Typen

Viele Menschen haben offenbar den Wunsch, Menschenkenntnis zu besitzen. Jeder läßt sich von dem allgemeinen Ausdruck eines Menschen unmittelbar beeindrucken. Man macht Aussagen über Temperament, Selbstvertrauen und Minderwertigkeitsgefühl, Einfallsreichtum und Originalität, Intelligenz und Willensartung. Ob jemand aktiv, tatkräftig und initiativ, ausdauernd und konzentriert, eigenwillig oder gründlich, selbstbeherrscht oder aufbrausend ist, sind schnelle und oft zutreffende Feststellungen. Ein Verkäufer notiert diese Merkmale in seiner Datei oder behält sie im Sinne. Auch Bemerkungen, wie logisch und sachlich, konziliant und verbindlich, zuverlässig und vertrauenswürdig, „echt" oder maskiert, Niveau, Format der Persönlichkeit usw. sind wichtige Merkposten.

Das Verhalten und der Ausdruck des Kunden führen schnell zum ersten Eindruck, und von ihm hängen oft lebens- und geschäftswichtige Entscheidungen ab. Man sitzt dem Kunden gegenüber und versucht, über dessen Charakteristika eine zutreffende Aussage zu machen: Gutmütiger, Draufgänger, Ruhig-Sachlicher, Hitzkopf, Streber, Prahler, Angeber, Blender, Einzelgänger, Sonderling, Nörgler, Spießer, Lebemann, Duckmäuser, Arroganter, Könner. Das Temperament springt herüber und läßt den Betreffenden lebhaft, frisch und beweglich oder lahm, müde und träge erscheinen.

Verkäufer registrieren insbesondere das Selbstbewußtsein und die Selbstsicherheit ihres Gegenübers, die Grundstimmung, ob beispielsweise gelöst, heiter und optimistisch oder ernst, mißmutig und pessimistisch. Ohne es bei der ersten Kundenbegegnung genau zu registrieren, fühlen sie schon, ob der Partner umgänglich oder verschlossen, kollegial und hilfsbereit oder egoistisch ist. Noch im Gespräch oder schon auf dem Weg zu seinem Auto fällt auf, der

Kunde habe sich unecht verhalten, versteckt, undurchsichtig oder heuchlerisch; oder man konstatiert frohen Mutes: „Alles war offen und echt." Natürlich wird der Gedanke über das Intelligenzniveau nicht ausgespart: „Was er sagte, war hochintelligent", „nur mittelmäßig" oder „schwach".

Alles fließt in der Vorstellung zusammen, ob man es mit einer Persönlichkeit von Format zu tun hatte oder mit einem unsicheren, entscheidungsschwachen Menschen. Die Empfindungen oder das Nachdenken münden schließlich in die Vorstellung eines bestimmten Typus: Er oder sie ist ein Pedant/eine Pedantin, ein Geltungsbedürftiger/eine Geltungsbedürftige, ein Autoritärer/eine Autoritäre usw.

Jedermann bekannte Typen sind auch die Gutmütigen, Pflichtmenschen, Beschützernaturen, Machtmenschen, Individualisten, Außenseiter, Pragmatiker, Nörgler (und sonstige neurotische Naturen) oder die emanzipierte Geschäftsfrau. Eine grobe Einteilung in drei Gruppen läßt sich an der Bereitschaft und Fähigkeit zur Anpassung machen:

1. angepaßt, einfügsam, unkompliziert
2. eigenständig und gestaltend
3. kompliziert, individualistisch, ichbezogen

Wenn Sie die drei Spalten der „Typen in der Übersicht" (Seite 34) durchgehen und sich unterm Strich zu dem dort gedruckten Text bekennen können, wissen Sie, wie Sie den Rahmen weiter einengen können, um sich selbst wiederzufinden. Gesetzt den Fall, Sie zählen zu den eigenständigen bzw. gestaltenden Menschen, dann muß auch zutreffen, daß Sie in der Regel selbständig (und weitgehend unabhängig), leistungsbereit und aktiv gestaltend im Leben stehen und oft genug den vorgegebenen Rahmen sprengen, ohne dabei viel Skrupel zu empfinden.

Ähnlich verfahren Sie bei Ihren Kunden: In welche der drei Gruppen gehört er? Ist er seiner Organisation angepaßt, eigenständig gestaltend oder auf eine bestimmte Art kompliziert? Zunächst hilft also die Einordnung in eine der drei Gruppen.

Es wäre aber falsch, nach dieser generellen Einteilung gegenüber diesem oder jenem Typ so zu tun, als wäre er ein Angepaßter, ein selbständig gestaltender Mensch oder jemand, der ständig kompensieren muß. So einfach sollten Sie es sich nicht machen. Nicht jeder Pedant ist ein Beamter, und nicht jeder Beamter ist ein Pedant. Der Kreative möchte nicht mit dem Machtmenschen über den gleichen Kamm geschoren werden. Und der Autoritäre möchte nicht mit dem Radikalen verwechselt werden. Erst die ausführlichen Beschreibungen geben jedem Typus seine eigene Gestalt, seinem Handeln einen unverwechselbaren Sinn. Am reinen Typus läßt sich trefflich arbeiten.

Bedenken wir, daß nicht jeder Pedant ein reiner Pedant ist. Er kann zusätzliche Wesenszüge des Pflichtbewußten oder des heimlichen Herrschers kraft seines Amtes und der zu vertretenden Normen haben. Geltungsbedürftige kommen häufig als Mischformen vor, wenn auch der reine Typus sehr verbreitet ist. Über Autoritäre wird viel gescholten, sie werden aber auch beneidet und manchmal bewundert – je nachdem, welches Beiwerk sie ihrem Typus mitgeben, das Väterliche oder das Strenge, das Fürsorgliche mit der unbedingten Gehorsamserwartung oder das Selbstbewußtsein des Könners, der sich zunächst durch seine Position auszeichnet.

Daß jemand neben den hervortretenden Typusmerkmalen auch Wesenszüge eines anderen – verwandten – Typus hat, sollte Sie nicht verunsichern. Typus und Typenmerkmale sind echt. Sie kann man als solche feststellen und darauf die individuelle Behandlung aufbauen. Zeigt das „Beiwerk" Anleihen eines verwandten Typus, so sollten auch diese beachtet werden, wenn sie sich als echt und nicht als Fassade oder Maske erweisen. Die Bezeichnungen der Typen sind nicht wertend, sondern beschreibend gemeint. Wenn überall der männliche Artikel verwendet wird, so entspricht das dem heutigen Sprachgebrauch. Persönlichkeitstypen sind nicht geschlechtsspezifisch, wenn sie sich in Nuancen manchmal auch anders zeigen.

| Die Typen in der Übersicht | | |
| --- | --- | --- |
| Angepaßte, einfügsame, unkomplizierte Menschen | Eigenständige bzw. gestaltende Menschen | Komplizierte, individualistische bzw. ichbezogene Menschen |
| Kontaktmensch<br>Gefühlsmensch<br>Gutmütiger<br>Beschützer<br>Unbekümmerter<br>Robuster<br>Extravertierter<br>Verläßlicher<br>Angepaßter<br>*überangepaßt:*<br>Pflichtbewußter<br>Pedant<br>Beamter<br>Aufsteiger<br>*zu wenig angepaßt:*<br>Gleichgültiger<br>Labiler | Selbstbewußter<br>Kreativer<br>Ingenieur<br>Introvertierter<br>Pragmatiker<br>Unabhängiger<br>Kontaktstreber<br>Dominanter<br>Machtmensch<br>Emanzipierte Frau<br>Manager | Außenseiter<br>Ängstlicher<br>Sensibler<br>Individualist<br>Problematischer<br>Geltungsbedürftiger<br>Statusbewußter<br>Darstellungsbedürftiger<br>Narziß<br>Star<br>Autoritärer<br>Radikaler<br>Cäsar<br>Nörgler<br>Hysteriker<br>Neurotiker |
| ■ Diese Typen passen sich dem Rahmen, in den sie gestellt sind, selbstgenügsam oder handlungsbereit an. | ■ Diese Typen sind selbständige, leistungsbereite und aktiv gestaltende Menschen, die oft den Rahmen sprengen. | ■ Diesen Typen gelingt die selbständige Gestaltung ihrer Umwelt nicht. Wollen und Können fallen auseinander. Dennoch wollen sie sich stark behaupten und durchsetzen. |

# 6. Angepaßte, einfügsame, unkomplizierte Typen

Zu dieser Gruppe gehören einerseits die angepaßten Typen wie der Kontaktmensch oder der Verläßliche, die überangepaßten wie der Pflichtbewußte und der Beamte, aber auch die weniger angepaßten, unkomplizierten Typen wie der Unbekümmerte oder der Labile. Gemeinsam ist ihnen allen, daß sie weder nach größerer Unabhängigkeit streben noch besonders kompliziert sind, so daß Sie sie in der Rolle, die sie sich gewählt haben, akzeptieren sollten.

# Der Kontaktmensch

Er ist von Haus aus kontaktfähig. *Ihm ist die Möglichkeit mitgegeben, leicht und schnell zu seinen Mitmenschen positive soziale Beziehungen aufzunehmen.* Gesellig und gutmütig, wie er ist, oft mit herzlichem Humor ausgestattet, bereitet es ihm Freude, mit anderen Menschen in freundschaftlicher Weise zusammen zu sein und an gemeinsamen Aktivitäten teilzuhaben. Sein heiteres, warmherziges Wesen öffnet die Menschen.

*Gefühl und Gemüt sind breit angelegt.* Sie spielen in der Kommunikation eine größere Rolle als die Ratio, obwohl Kontaktmenschen als tatkräftige Praktiker mit gesundem Menschenverstand Tüchtiges leisten können.

Der Kontaktmensch geht in der Umwelt und in der Gegenwart auf und ist meist dort eingesetzt, wo er mit menschlicher Nähe Zutrauen wecken kann. Seine Großzügigkeit und Sorglosigkeit entspannen die Atmosphäre. Harte Durchsetzung ist nicht seine Art. – *Er erwartet auch von seinem Gesprächspartner Offenheit* statt Reserviertheit und unkomplizierte Kontaktaufnahme.

## Kurzfassung

- Von Hause aus kontaktfähig, gesellig und gutmütig.
- Heiteres Wesen.
- Unkompliziert und großzügig in Formulierung und Verhalten.
- Liebt entspannende Atmosphäre.

## Sein Gesprächsverhalten

- Spricht wie zu Bekannten.
- Sucht direkten Kontakt und menschliche Nähe.
- Der Gefühlshintergrund schimmert stets durch.

## Worauf es ihm ankommt

- Möchte mit allen gut auskommen und in freundschaftlicher Weise zusammenarbeiten.
- Erwartet Offenheit und Ehrlichkeit.
- Mag Reserviertheit ebenso wenig wie Formelhaftigkeit und abstrakte Darstellungen.

## Wie er behandelt werden will

- Offene, entspannte Begegnung, herzliche Kontaktaufnahme, freundschaftlicher Ton, ehrliche Information.
- Hört zu, will nicht unbedingt recht haben, mag harte Durchsetzung nicht.
- Nur über den Kontakt kommen Sie auch zu guten Geschäftsbeziehungen.

# Der Gefühlsmensch

Der Gefühlsmensch *läßt sich* in seiner Lebensführung so gut wie ausschließlich *von seinen Gefühlen leiten.* Schon die Lebensgrundstimmung ist stark gefühlsbetont. Empfindungen, *Wahrnehmung, Vorstellung und Denken* sind bei ihm *von Gefühl durchdrungen.* Das Innewerden der gegenständlichen Welt erfolgt in einem subjektiven Bewegtsein: Lust und Unlust, Erregung und Beruhigung, Angst und Zuneigung, Spannung und Lösung. Es sind weniger Gefühlsregungen von rascher Folge als vielmehr oft lang anhaltende, gleichförmige Gefühlszustände. *Davon ist auch sein Denken beeinflußt.*

Ob Gefühlsmenschen die Welt mehr als Werthorizont erleben und suchen und von dort Richtungsimpulse für ihre Lebensführung empfangen oder mehr passiv den Sensationsgehalt der Gefühlsergriffenheit genießen, ist eine Frage ihres Persönlichkeitsformats. *Im allgemeinen* erweisen sie sich als *zugänglich und kontaktfreudig.*

In der Sache bleibt der Gefühlsmensch korrekt, selbstkritisch und gewitzt, wenn er geistiges Format hat, oder er ist spontan, natürlich, vielleicht etwas naiv, wenn Geistesbildung eine geringere Rolle gespielt hat.

Gefühlsmenschen sind selten starke Menschen. Dies muß man bei ihnen berücksichtigen. Aber *sie sind „gefühlsgewiß" und lassen sich nicht täuschen.* Gefühlsgewißheit ist eine besondere Stärke. Besonders bei Frauen des Typs Gefühlsmensch ist das Gefühl eine Instanz, die sich aus sich selbst rechtfertigt und keiner besonderen verstandesmäßigen Begründung bedarf. Wahr oder richtig ist, was man fühlt.

**Kurzfassung**

- Überwiegend gefühlsgeleitet, weniger vom Verstand gelenkt.
- Gefühle wie Lust und Unlust können wechseln.
- Gefühle sind stärker als Einsichten.
- Im allgemeinen zugänglich und kontaktbereit.

**Sein Gesprächsverhalten**

- Je nach Situation mehr oder weniger gefühlsbetont.
- Bei neuen Ideen, unerwarteten Sachverhalten oder Aufgabenstellungen zunächst Zögern, dann Einpendeln auf das gute oder schlechte Gefühl, das für ihn damit verbunden ist.

**Worauf es ihm ankommt**

- Er möchte ein gutes Gefühl haben, angenehme Eindrücke gewinnen, den seelischen Haushalt im Gleichgewicht halten.
- Gesucht wird Sicherheit und Einklang mit dem sozialen Umfeld, auch Anerkennung, Bestätigung und Bestärkung.

**Wie er behandelt werden will**

- Einfühlsam.
- Keine Verstandesakrobatik.
- Sachargumente gefühlsmäßig miterleben lassen.
- An seine Stelle und das soziale Umfeld denken, wo sich Ihr Vorschlag auswirken wird, denn er sucht Harmonie und wird Konflikten aus dem Weg gehen.

# Der Gutmütige

Wir finden den freundlichen, hilfsbereiten, anspruchslosen Menschen überall. Unabhängig vom Beruf und der Position, bleibt er, wie er ist, *gutmütig, nachgiebig, leicht lenkbar.* Die Neigung zur Anspruchslosigkeit ist für ihn gleichzeitig Überlebenssicherung.

Haltung und Gestik sind weich, auf Empfänglichkeit eingestellt, Harmonie anstrebend. Er *meidet Streit.* Bei Meinungsverschiedenheiten tritt er nie nachhaltig für die eigene Einsicht ein. Er läßt sich vielmehr beeinflussen und folgt der Meinung Stärkerer. Passive Einfügung in den Rahmen und Zufriedenheit mit dem, was dieser Rahmen bietet, sind für ihn typisch.

*Es fällt ihm schwer, einen eigenen, unabhängigen Standort zu finden und diesen zu behaupten.* Selbständigkeit ist für ihn keine erstrebenswerte Situation. Er gibt sich mit selbstgenügsamer Bescheidung mit einer Rolle zufrieden, die er nicht selbst gestaltet, sondern von seiner Umgebung übernimmt. So kommt es, daß er sich auch manches gefallen lassen muß.

Seine Vitalität ist selten groß. Es kommt nur ausnahmsweise vor, daß er alle seine Energiereserven einsetzt. Der Vorgesetzte hat keine Schwierigkeiten mit ihm, der Verkäufer auch nicht. Er tut das Notwendige, ist dankbar, im eigenen Arbeitsfeld mit menschlicher Harmonie arbeiten zu können. *Bei Kritik und Tadel empfindet er Schuldbewußtsein* und gerät leicht in Gewissensbisse. *Man muß ihn abstützen,* den Maßstab richtig stellen, Einsicht wecken und ihn zur Stellungnahme anregen.

## Kurzfassung

- Freundlich, anspruchslos, nachgiebig und dankbar.
- Seine Gutmütigkeit ist für ihn gleichzeitig das Überlebenskonzept.
- Vitalität und Dynamik sind schwach.

## Sein Gesprächsverhalten

- Zurückhaltend, freundlich, bittend.
- Vorsicht bei Meinungsverschiedenheiten, nur zögerliche Andeutungen.
- Will geholfen haben, lenkt ein, paßt sich an.

## Worauf es ihm ankommt

- Schonung seines schwachen Selbstwertgefühls.
- Er sucht Sicherheit, braucht Beständigkeit, möchte keinen Streit.
- Alles soll im Guten geregelt werden.

## Wie er behandelt werden will

- Entgegenkommend, einfühlsame Anerkennung seiner Person ist wichtig. Bringen Sie Verständnis für seine Lage auf!
- Hilfe bei seinen Entscheidungen ist wichtig, damit er sichergehen kann.
- Keine Kritik, kein Tadel, nur Bestätigung.

# Der Beschützer

Er ist auf die lebendige Wirklichkeit eingestellt. Die Bereitschaft, mit anderen zusammen zu leben, alles mitzuerleben, *das Bedürfnis, mit* diesen *Menschen gut auszukommen, ist sein Grundcharakter.* Es ist ihm aber ein noch stärkeres *Bedürfnis, für andere da zu sein* und Schwächeren zu helfen. Es ist echte Uneigennützigkeit – ein immer seltener werdendes Persönlichkeitsmerkmal. Gebraucht-werden, Hingabe, Helfen wollen, sind die tragenden Motive.

Die Ausfüllung des in der Gemeinschaft oft freien Platzes des Beschützers ist für ihn ein lohnender Lebensinhalt. Für andere zu sorgen ist ihm Genugtuung; es entspricht seinem Wertgefühl. Die Ausrichtung auf das Du führt zu persönlichen Bindungen. Als Mitmensch *erfüllt* er sozusagen *die Rolle des Ersatzvaters* überall dort, wo nötig oder möglich, fast als wäre es seine Pflicht. Verzicht und Opferbereitschaft fallen ihm nicht schwer. Geht es einem Menschen schlecht, nimmt er sich dessen an, opfert Zeit und Kraft, wirkt selbst deprimiert. Dabei kann er Qualen der Ungewißheit und Verzweiflung erleiden. Und dennoch ist ihm der Einsatz für andere eine besondere Sinngebung des Lebens.

Man sollte ihn nicht ausnutzen, denn er ist ein guter Menschenkenner und kann echte Not von einer nur gespielten unterscheiden. Wenn er auch sein Selbstwertgefühl weniger intensiv erlebt, sollte man darauf achten, es nicht zu verletzen. Für das Gespräch mit ihm ist wichtig zu wissen, daß er abstrakten Problemen weitgehend abgeneigt ist und Entscheidungen daraufhin taxiert, wie sie sich im mitmenschlichen Rahmen auswirken werden.

## Kurzfassung

■ Er ist keine starke, sondern eher eine weiche Persönlichkeit, die anderen helfen und diese schützen will.

## Sein Gesprächsverhalten

■ Ruhig, versöhnlich.
■ Prüft sachliche Anforderungen stets mit Blick auf die Auswirkungen im menschlichen Bereich.
■ Bei Meinungsverschiedenheiten sucht er einen Kompromiß.

## Worauf es ihm ankommt

■ Er will Menschen verstehen, es ihnen recht machen, mit allen gut auskommen und vor allem für andere da sein.

## Wie er behandelt werden will

■ Mit Freundlichkeit und Wohlwollen.
■ Er schätzt das private Wort.
■ Statt Fach-Chinesisch erwartet er konkrete Darstellungen.
■ Verständnis für seine Lage und Bestätigung seines Wollens tun ihm gut.

# Der Unbekümmerte

Er tritt *natürlich* und *ungezwungen*, ja *lässig* auf und *geht mit unbesorgter Selbstsicherheit durchs Leben.* Rückschläge erschüttern sein Selbstvertrauen nicht. Sorgsamere Naturen halten ihn für leichtfertig.

Sein Bestand an Energie ist hoch. Unbekümmert und unbewegt läßt er sich keine grauen Haare wachsen. *Seine Meinung vertritt er impulsiv.* Er ist also offen und direkt. Obgleich er Menschen grobfahrlässig verletzen kann – das Feingefühl für die Nuancen des Verhaltens fehlt vollkommen –, erfolgt seine Einfügung in den gegebenen Rahmen eigentlich zwanglos.

Er übernimmt ohne Widerstand die ihm übertragene Arbeit. Was zu tun ist, das tut er. Allerdings denkt er dabei nicht viel. *Klare, weitsichtige und dauerhafte Ziele fehlen* ihm. Er plant nur ungern. Grundlage seines Charakters und Verhaltens sind sein gehobenes Lebensgefühl und das elementare Selbstvertrauen. An Selbstachtung mangelt es ihm ebensowenig; eher *neigt* er zur *Selbstüberschätzung.* Er will so sein, wie er ist, das heißt, er will sich selbst verwirklichen. Dazu ist er durchaus bereit, sein Leistungsvermögen einzusetzen.

Kommt man ihm grob, oder will man ihn als „fünftes Rad" abhängen, wehrt er sich ungestüm. *Unterkriegen läßt er sich nicht.* Bedrängt man ihn, so tritt sein Selbsterhaltungstrieb robust hervor. Wenn er vor etwas Angst hat, dann vor der Einengung seines Freiheitsraumes und des ungezwungenen persönlichen Arbeitsstils.

Sobald man sich an seine „rauhe Schale" gewöhnt hat, ist der Umgang mit ihm unkompliziert. Seine Führung ist nicht schwer: klare Voraussetzungen schaffen, die unerläßlichen Anforderungen der Stelle festlegen und den Funktionsbereich abgrenzen. *Als Kunde verträgt er ein klares Wort.* Ihm sollte man reinen Wein einschenken.

## Kurzfassung

- Ein natürlicher, ungezwungener, selbstsicherer Mensch mit hoher Belastbarkeit; unbekümmert, optimistisch, direkt, auch ungenau und leichtfertig.
- Sein Wollen hat Nachdruck.

## Sein Gesprächsverhalten

- Meist laut, offen und direkt.
- Vertritt seine Meinung immer impulsiv, hat wenig Feingefühl; kann grobfahrlässig verletzen.
- Hält nichts von „Vorschriften"; will, daß gehandelt wird.

## Worauf es ihm ankommt

- Die einfache, direkte Lösung.
- Das praktische Vorgehen.

## Wie er behandelt werden will

- Offen und direkt mit praktischer Anleitung.
- Da er sich bei vielen Dingen nichts Besonderes denkt, kommt es darauf an, klare Verhältnisse zu schaffen.
- Wenn Sie ihm zeigen, wie er ein Problem zu lösen hat, übernimmt er ohne Widerstand die Auskunft oder den Rat.
- Die notwendige Kritik darf offen sein.

# Der Robuste

Wir kennen ihn, den meist kräftigen, unermüdlich dynamischen Menschen, der aus der vollen Kraft seiner Vitalität schöpft. Die Gestik ist ausladend und ausgreifend – er braucht Platz um sich – immer unmittelbar auf das nächstliegende Ziel gerichtet. *Seinen Gedanken läßt er freien Lauf.* Die impulsive und affektgeladene Sprechweise ist wenig kontrolliert.

Immer wieder deutet sich seine robuste Unberechenbarkeit an. Die *unbesorgte Selbstsicherheit* dieses Vital-Robusten ist nicht gespielt; sie hat biologische Wurzeln. Bei der Verteilung der Gaben hat er auf die Frage: „Wie stark willst Du sein?" kräftig seinen Bedarf angekündigt. *Vitalität als Lebenskraft ist sein Hauptmerkmal* geworden. Dabei ragt das Maß der körperlich-seelischen Spannkraft weit über die durchschnittliche Ausstattung des Normalmenschen hinaus.

So kommt es auch, daß sein Auftreten, sein überdurchschnittlicher Energiebestand, sein gehobenes Lebensgefühl und die große Triebspannung in seiner Umgebung das Gefühl der Unterlegenheit erzeugen können. Oft kommt Neid auf: So leichtlebig, aufgelockert, heiter, gemütvoll, im Grunde seines Wesens zufrieden – und dann auch noch verträglich – wer kann schon so leben?

Einmal erkannt, wie er ist, lassen sich Schwächen feststellen, die der Partner eventuell ausgleichen kann. Einen wirklich gestaltenden Einfluß auf andere hat er nämlich selten. Stärker von ihrem Leben geprägte, sorgfältigere und gewissenhaftere Menschen eignen sich hier zur Paarbildung. Diese Menschen hat er nicht ungern um sich. *Er läßt sich* von ihnen *helfen, seine Schritte lenken, sein eigenes Handeln planen.* Als Führungsperson kennt er seine Probleme, die in der geringen Selbstkontrolle bei der stets impulsiv wirksam werdenden selbstsicheren Aktivität gegeben sind. *Er läßt eine unmittelbare Kontaktaufnahme zu,* seine unkomplizierte Kontaktbereitschaft fordert geradezu dazu auf.

> Er schätzt in der Informations- und Entscheidungsphase beim Partner Gründlichkeit und Genauigkeit. Rat und gelegentliche Belehrung werden von ihm ohne Empfindlichkeit angenommen.

## Kurzfassung

- Gesunde Lebenskraft. Stark und vital.
- Manchmal unberechenbar in seiner Robustheit.

## Sein Gesprächsverhalten

- Impulsiv, affektgeladen; wenig kontrollierte Sprechweise.
- Seinen Gedanken läßt er freien Lauf.
- Alles kommt laut und etwas polternd heraus.
- Seine Meinung betrachtet er als Tatsache.

## Worauf es ihm ankommt

- Sein Anliegen mit Nachdruck vorbringen.
- Drang nach Freiheit und Selbstbehauptung.
- Unabhängigkeit.
- Macht gern Druck.

## Wie er behandelt werden will

- Er bedarf keiner sensiblen Einfühlung.
- Sie können ihn nehmen, wie er ist.
- Da er praktisch orientiert und kein Freund von Organisation und Planung ist, schätzt er direkte Hinweise.
- Von Ihrer Sorgfalt und Gewissenhaftigkeit läßt er sich durchaus lenken.

# Der Extravertierte

Die meisten unter ihnen sind beliebt. *Nach außen gewandt,* lebensnah, offen und zugänglich, schaffen sie Kontakt, beleben die Gruppe, können sozial integrativ wirken.

Ihre *Stärken sind* sowohl *Kontaktfreudigkeit* als auch *aktives Kontaktstreben.* Sie leben außen in ihrer Umwelt. Ihre psychische Energie wendet sich voll nach außen. Sie sind entgegenkommend, offen, zeigen ein bereitwilliges Wesen, knüpfen rasch Beziehungen.

Gefahren des Typus sind das Interesse an Äußerlichkeiten und weitgehend unkritische Anpassung. Die Motive fließen nach außen, ergreifen Gegenstände und Menschen, handeln in deren Beziehungen, bringen sie voran. Sie sind die „geborenen" Führer. Da sie sich *unbekümmert* und vertrauensvoll in unbekannte Situationen hineinwagen, wird man ihnen klare Ziele setzen wollen.

*Ehrgeiz und Tatkraft* treiben sie an. Sie wollen nicht nur dabei sein, sie wollen handeln, und das geht manchmal bis zur Überschwenglichkeit. – Der Extravertierte ist von Hause aus (in der biologischen Verfassung verankert) ein dem Du zugewandter Mensch, sozial integrativ, *er führt das Wort.* In seinem Überschwang merkt er nicht, daß er außen lebt, in seiner Umwelt, und er fragt nicht, ob die anderen das wollen oder nicht. Er projiziert sich selbst in jedes menschliche Umfeld hinein, sucht Selbstentfaltung und Selbstverwirklichung.

Kontakt und Kommunikation sind sein Element. *Suche nach Gleichberechtigung oder Überlegenheit* sind stets wirkende Antriebe. Darauf müssen seine Partner, Vorgesetzten oder Berater Rücksicht nehmen.

## Kurzfassung

- Nach außen gewandt.
- Geht direkt auf einen zu, will etwas erreichen und handeln.
- Manchmal überschwenglich.

## Sein Gesprächsverhalten

- Direkt, offen, ohne Schnörkel.
- Guter Kontakt.

## Worauf es ihm ankommt

- Anerkennung, Kontakt, Gefühl der Zugehörigkeit.
- Sucht Einverständnis.

## Wie er behandelt werden will

- Offen mit persönlicher Note: direktes Zugehen auf die Situation.
- Bei Meinungsverschiedenheiten hält er nicht hinterm Berg.
- Daher: offene, gezielte Antworten, Einverständnis herbeiführen.

# Der Verläßliche

Jeder sucht ihn, den zuverlässigen Mitarbeiter und Partner, den von Grund auf „Verläßlichen". Es gibt ihn. *Er gehorcht seinem Gewissen,* einem sehr wachen Gewissen nämlich, das ihn automatisch mahnt, wenn er die moralischen Prinzipien, nach denen er lebt, zu verlassen droht.

Beim Verläßlichen sind die wichtigsten Kennzeichen – *geringe Impulsivität,* fehlende aktive Selbstentfaltung, *ausgeprägtes Wertbewußtsein* – gleichzeitig der Schlüssel zu seinem Wesen. Innere Werte, der Selbstbefehl „du mußt das tun", „nimm dich in's Geschirr" bestimmen es weitgehend. Haltung und Bindung sind stärker als Elastizität.

Der Verläßliche *reagiert auf die Verhaltensnormen der sozialen Gruppe,* der er angehört. Er tut, was Pflicht ist, er *trägt Verantwortung* und er besitzt die Fähigkeit, die eigenen Handlungen und Absichten zu bewerten.

Er tut es nicht aus Furcht vor Nachteilen oder Bestrafung. Auch der äußere Druck spielt nur eine untergeordnete Rolle. Sein Über-Ich – nach Freud eine der Instanzen, die das Ich kontrollieren – ist stark ausgeprägt. Dieser innere Kompaß des moralischen Gewissens und der Ideale sorgt dafür, daß die „Richtung immer stimmt". So erweist er sich in kritischen Situationen, aber auch auf Dauer als äußerst zuverlässig.

Allerdings: In Situationen, in denen andere Normen gelten, als diejenigen, nach denen er lebt und handelt, gerät er leicht in Konflikte. Darauf wird man Rücksicht nehmen und ihm eine angemessene Frist der Besinnung und Beurteilung der neuen Situation einräumen müssen. Verläßlichkeit beruht auf einer früh angenommenen inneren Richtschnur für das eigene Handeln. *„So und nicht anders ist es richtig."* Damit geht die „kindliche Unschuld" verloren und der verantwortungsbewußte Erwachsene entsteht.

**Kurzfassung**

- Zuverlässiger Mitarbeiter und Partner.
- Ausgeprägte Gewissenhaftigkeit und Pflichtgehorsam.
- Geringe Elastizität.

**Sein Gesprächsverhalten**

- Klare, zielgerichtete Aussagen.
- Manipuliert nicht oder nur wenig.
- Aus Formulierung und Betonung sind Sachverhalte und deren Bewertung erkennbar.
- Bei Kritik und Tadel zeigt er tiefe Betroffenheit.

**Worauf es ihm ankommt**

- Er möchte seine Aufgabe gut lösen.
- Bedenkt alle Voraussetzungen, prüft die Durchführbarkeit, denkt an Vorschriften, paßt auf, daß alles seine Richtigkeit hat.

**Wie er behandelt werden will**

- Als verantwortungsbewußter Partner, auf dessen Wort man sich verlassen kann.
- Er erwartet Zuverlässigkeit auch von Ihnen als Berater und Verkäufer.

# Der Angepaßte

*Er ist ein guter Mitarbeiter.* Er erstrebt überwiegend das, was der Betrieb oder die jeweilige Organisation ihm als Befriedigung bieten, und verhält sich so, wie es der Organisation nützlich und in der jeweiligen Situation erfolgversprechend ist. *Die betriebliche Organisation* mit ihrer Vielfalt aufgrund von Sachzwängen festgelegten notwendigen Verhaltensweisen *wird von ihm voll akzeptiert.*

Man kann sagen: Indem er die Betriebserfordernisse erfüllt, befriedigt er seine eigenen Bedürfnisse. Er befindet sich in einem Zustand vollständiger oder überwiegender Anpassung. Sein Handeln ist also durch die Normen und Wertvorstellungen der von ihm anerkannten sozialen Umwelt bestimmt. Durch Aufnahme und Verinnerlichung dieser *lebt* er *in zufriedener Übereinstimmung mit seiner Arbeitswelt.*

Den unteren und mittleren Rangstufen, häufigster Standort des guten Mitarbeiters, ist ein Mensch angepaßt, der vor allem *Sicherheit, eine stabile Arbeitsumgebung und eine geregelte Routinetätigkeit* ohne besondere Anforderungen an Initiative, Wendigkeit und Durchsetzungsvermögen *bevorzugt*; ein Mensch, der gern gehorcht, loyal und pflichtbewußt ist, aber weder nach besonderem Prestige noch nach Macht und Verantwortung strebt.

Der Angepaßte ist die Stütze des Betriebes, sei es im Sinne einer wirtschaftlichen Vollzugseinheit oder sozialen Organisation. Er ist ein gesuchter, weil bequemer Mitarbeiter. So, wie er sich verhält, entspricht das durchaus den Normen und Wertvorstellungen des Betriebes: Jeder tue seine Arbeit, sei für den Betrieb da und murre nicht. Nun löst das bei ihm keine Gefühle von Scham und Ärger aus. Im Gegenteil, indem er sich ein- und unterordnet, werden seine natürlichen Bedürfnisse voll befriedigt. Mehr will er nicht.

*Sinn und Zweck seines Verhaltens ist die Verbesserung der Überlebenschancen –* und des durchgemachten Lernprozesses, daß man am besten fährt, wenn man sich fügt. Er gelangte (in der Regel bereits als Kind) mit seiner Umgebung, insbesondere der sozialen (sprich Familie und Freunde) in einen glücklichen Gleichgewichtszustand der Konfliktlosigkeit.

## Kurzfassung

- Ein dem Betrieb und seiner Organisation voll oder weitgehend angepaßter Mensch.
- Er tut immer ein bißchen mehr als unbedingt nötig ist.
- Das gibt ihm das Gefühl der Sicherheit.

## Sein Gesprächsverhalten

- Zurückhaltend. Liebt den informellen, persönlichen Ton.
- Bei Wichtigem zeigt er besondere Aufmerksamkeit und Konzentration.
- Meinungsverschiedenheiten geht er am liebsten aus dem Weg.

## Worauf es ihm ankommt

- Möglichst konfliktfreie Erfüllung seiner Aufgabe.
- Routine gibt ihm Sicherheit.
- Ein- und Unterordnung sind ihm wichtiger als Eigeninitiative.

## Wie er behandelt werden will

- So, wie man einen guten Mitarbeiter behandelt.

# Der Pflichtbewußte

Er tritt nicht hervor: *Bescheiden und unauffällig* hält er sich im Hintergrund. Er bleibt vorwiegend *ohne stärkeres Kontaktbedürfnis* und findet seine Befriedigung im kontinuierlichen Einsatz für seine Arbeit. Er bevorzugt schwierige, anspruchsvolle Aufgaben. An äußeren Erscheinungen und Ereignissen nimmt er wenig teil. *Einstellung und Verhalten sind an echte Werte und sachliche Aufgaben gebunden.* Sein Wertbewußtsein ist ausgeprägt.

Die persönlichen Wünsche und Bedürfnisse treten hinter der Pflicht zurück. Sich selbst erlebt er weniger als ein „ich will" als ein „du mußt". Folglich ist die Steuerung des eigenen Verhaltens, die *Selbstbeherrschung und Selbstkontrolle, stark entwickelt.* Wenn sachliche Forderungen auftreten, diszipliniert er sich über das sonst übliche Maß hinaus. Damit ist seine wesentliche Haltung charakterisiert. Das Persönlichkeitsbild wird durch Haltung und Bindung an Werte und Normen bestimmt. Das Ganze beruht auf nicht sonderlich stark angelegten vitalen Voraussetzungen. *Antrieb und Dynamik halten sich in Maßen,* so auch das Bedürfnis nach Selbstverwirklichung.

Der Typ des Pflichtbewußten geht oft mit einer Vergeistigung einher. Das bedeutet ein langanhaltendes Bemühen um Gestaltung der eigenen seelischen Entwicklung bei gleichzeitig stark ausgeprägter Tendenz zur Bewahrung. Erleben und Denken sind darauf gerichtet und ermöglichen ihm Gestaltungskraft und Vertiefung in seine Aufgabe.

Er ist, genau genommen, ein Einzelgänger, aber einer, den man gern um sich hat, weil er sich den Mitmenschen nicht entzieht. Oft ist er ein Element des ruhigen Ausgleichs. *Er braucht keine Aufmunterung, sondern reichliche Anerkennung und wohlwollende Wertung.*

Als leistungsfähig geachtet, wegen guter Arbeit und guter Entscheidungen anerkannt zu werden, ist sein Ziel. Er sieht *Pflichterfüllung als Norm* oder *Ideal.* Die Einhaltung moralischer Prinzipien verschafft ihm Genugtuung.

## Kurzfassung

- Er ist nicht nur „pünktlich", „fleißig" und „gehorsam", sondern auch an echte Werte und eine sachliche Aufgabe gebunden, eben ein „Pflichtmensch".

## Sein Gesprächsverhalten

- Zurückhaltend und scheinbar bescheiden, hat aber dennoch etwas zu sagen.
- Argumentiert mit der Wahrscheinlichkeitsabschätzung, mit dem Hier und Jetzt.
- Bei seinem geringen Kontaktbedürfnis bleibt er dem Sachlich-Fachlichen behaftet.

## Worauf es ihm ankommt

- Klare Sachverhalte, pflichtgemäßes Handeln und Verhalten.
- Sorgfältige Prüfung seines Anliegens.
- Zahlen und Daten müssen genau sein.
- Lehnt allgemeine Argumente ab.
- Läßt nur beweisbare Tatsachen gelten.

## Wie er behandelt werden will

- Aus der gegebenen gegenseitigen Pflicht heraus.
- Da er ein klares Konzept hat, müssen Sie darauf eingehen.
- Bei anderen oder neuen Sachverhalten bzw. geltenden Bedingungen ist er schnell irritiert. Daher Ruhe und Sorgfalt wahren.
- Geben Sie ihm Bedenkzeit, und verpflichten Sie ihn zur Kooperation.

# Der Pedant

Wir finden ihn meist dort, wo es auf Genauigkeit oder die strikte Einhaltung von Normen und Vorschriften ankommt, gelegentlich leider auch „am falschen Ort". Dann stört sein Verhalten um so mehr.

*Er ist übertrieben korrekt und klebt an Vorschriften.* Wo solche nicht vorhanden sind, macht er sich welche. Er will immer alles „ordnen"; die Ordnungstendenz und *übersteigerte Ordnungsliebe* sind ein wesentlicher Charakterzug. Korrektheit auch im kleinsten, Präzision, *Genauigkeit* bis zur Akribie und Regelmäßigkeit in allem sind für ihn die wichtigsten Lebenswerte.

Die gesteigerte *Beachtung von Kleinigkeiten* führt zur Umstandskrämerei. Seine Tragik ist, daß viele an sich positive Verhaltens- und Charaktermerkmale wie *Ordnung, Pünktlichkeit, Gewissenhaftigkeit, Pflichttreue* übersteigert werden und karikaturhafte Züge annehmen. Wird er deshalb kritisiert oder angegriffen, wird er leicht zum Prinzipienreiter.

Wie ist er zu verstehen? – *Ordnen gibt ihm Sicherheit.* Regelmäßigkeit bestätigt ihm, daß alles seine Ordnung hat. Die Einhaltung von Ordnung stabilisiert sein gering untermauertes Selbstbewußtsein. Formale Versteifung ist der Preis dafür. *Im Zentrum seines Lebens und Handelns stehen die Sicherheit der Existenz,* die Schutzsuche vor Gefahren, uneinsichtigen Situationen und plötzlichen Änderungen. *Durch die Anerkennung seiner Vorzüge und das Eingehen auf sein Sicherheitsbedürfnis kann man ihn positiv einstellen.*

Worauf es ihm ankommt: Pünktlichkeit, Ordnung und Gewissenhaftigkeit, Korrektheit auch im Kleinsten, Präzision und Genauigkeit „bis zum i-Punkt", Pflichttreue. In seinem Gesprächspartner sucht er Schutz vor Enttäuschung und Gefahren. Aus seinem Sicherheitsbedürfnis heraus hat er ein Verhalten entwickelt, das ihn scheinbar über alle Gefahren des Lebens hinwegträgt. Die Lebensmeisterung gelingt ihm so in einer passiven Einstellung.

Dabei *verliert er den Blick für das Wesentliche.* Ursache ist eine schwächliche Selbstbehauptung und – in der Regel – geringe Vitalität. Er ist unter Umständen ein guter Administrator oder „Vorschriftenmensch". Er hält auch das Organisationshandbuch bestens auf dem laufenden. Doch im Umgang mit Menschen ist er unbeholfen. Die lebendige Frische fehlt.

## Kurzfassung

■ Umstandskrämer, Erbsenzähler. Vorschriften, Regeln und Normen nimmt er sehr genau. Übersteigerte Ordnungsliebe.
■ Auf das „Ordnungsgemäße", „Prinzipielle" kommt es ihm an.

## Sein Gesprächsverhalten

■ In der Regel langsam, unbeholfen, mit Pausen, langatmig. Spricht nicht zur Person, sondern zur abstrakten Sache.
■ Gesteigerte Beachtung von Kleinigkeiten. Will genauestens Bescheid wissen. Versteift sich auf unwichtige Kleinigkeiten.

## Worauf es ihm ankommt

■ Genauigkeit, Pünktlichkeit, Ordnung und Gewissenhaftigkeit.
■ Korrektheit auch im Kleinsten, Präzision „bis zum i-Punkt", Pflichttreue.
■ In seinem Gesprächspartner sucht er Zuverlässigkeit, Schutz vor Enttäuschungen und Gefahren.

## Wie er behandelt werden will

■ „Genau nach der Ordnung".
■ Sucht nach der „Vorschrift" sein Recht.
■ Braucht Wohlwollen und Bestätigung. Bei seiner schwächlichen Selbstbehauptung sollten Sie beachten, daß ihm oft die Einsicht für das Ganze fehlt.

# Der Beamte

Um den „Beamten" zu verstehen, muß man sich vor Augen halten, wie in einem „Amt" Führung und Arbeit ablaufen. Es existiert eine *präzise Aufbau- und Ablauforganisation, die von den vorgegebenen Aufgaben ausgeht, die „nach Vorschriften" wahrzunehmen sind. Wenn-dann-Entscheidungen sind die Regel, alles läuft nach Routineprogrammen. Delegation von Verantwortung oder Führung durch Zielvorgabe sind entbehrlich.*

Der Beamte ist nie allein, nur selten allein auf sich gestellt. In der Bürokratie des Amtes herrscht nämlich Kameradschaftlichkeit, eine gewisse familiär-häusliche Atmosphäre. Das ist die Rückseite der Medaille: „Wir unter uns." Auf der Vorderseite steht: „Wir sind Beamte." *Problem des Normalbürgers: Der Beamte ist „unangreifbar", als Mitmensch entzieht er sich der Annäherung.* Fremde läßt er in seine intime kameradschaftliche Gruppe nicht hinein.

Er gilt von jeher als eine besondere Spezies von Mensch. Ist er es wirklich? – Mit dem Bild des Beamten assoziiert man gern folgendes: Er ist stets korrekt. Treu seinem Beamteneid dem Gesetz gehorchend, ist er *nicht „Person", sondern „Funktionär", also Amtsperson.* Nicht seine Persönlichkeit ist der Öffentlichkeit gegenüber der Kommunikationspartner, sondern die Amtsmiene. Die Persönlichkeit darf höchstens schwach hindurchschimmern.

*Gesetze, Paragraphen und Amtsführungsbestimmungen sind Richtschnur des Handelns.* In ihnen denkt er, sie und die jeweils gültigen Vorschriften sind feste Normen.

Zweifellos sind die Individualitäten sehr verschieden. Dennoch gibt es die besondere „Spezies" des Beamten. *Wahrscheinlich war er früh in die Abhängigkeit von Vorschriften geraten,* die ihm Leitschnur des Handelns wurden, weil er so Sanktionen eher aus dem Wege gehen konnte. Derjenige, der die Vorschriften erläßt, ist verantwortlich, nicht er. Sich Vorschriften zu fügen ist sein Lebenskonzept. So kann er zufrieden sein, den verbleibenden Raum der Selbstentfaltung im privaten Bereich – sicher nie ohne ein Stück Beamter zu bleiben – zu nutzen.

Stellvertretend für alle anderen lebt er uns vor, wie man sich nach „Vorschriften" verhalten sollte. Ihm ist auch nur mit Vorschriften beizukommen. Das heißt, daß es von Vorteil ist, wenn man sie kennt. Man darf ihm aber die Paragraphen nicht um die Ohren hauen.

## Kurzfassung

■ Zurückhaltend, zuverlässig, korrekt, genau nach Norm und Vorschrift, dem Beamtendasein angepaßt.

## Sein Gesprächsverhalten

■ Meldet sich in der Regel mit Amt und Namen.
■ Schildert den Fall sachgerecht, aber meist im „Amtsdeutsch".
■ Förmlich, wenn angebracht, zitiert er den „amtlichen" Text.

## Worauf es ihm ankommt

■ Erwartet „dienstgemäßes" Verhalten, sachgerechtes, vorschriftsmäßiges Antworten.
■ Nimmt „Ausführungsbestimmungen" entgegen. Worauf es ihm ankommt, ist die Sicherheit in der Sache.

## Wie er behandelt werden will

■ Neutral, sachlich, liebt aber den persönlichen Ton.
■ Möchte sich in guten Händen wissen.
■ Zurückhaltende Kollegialität ist angebracht.
■ Sie können ihm mit Vorschriften beikommen.

# Der Aufsteiger

*Er ist nahe an der Spitze oder auf dem Weg dorthin* zu finden, bevorzugt den großen Betrieb mit hierarchischen und bürokratischen Strukturen, wo er als „Pyramidenkletterer" auffällt. *Identifikation, Bejahung der betrieblichen Aufgaben und der Leistung* machen ihn zu einem begehrten Mitarbeiter. Belohnungen dafür: gute Stelle, Macht, Einkommen und Selbstbestätigung im Betrieb.

Kennzeichen seines Verhaltens: Wissen, um was es geht, schnelles Reagieren auf einen Wink hin, Übernahme der Aufgabe in eigener Verantwortung, Anpassungsbereitschaft, Einhaltung der betriebsüblichen Regeln und Normen, gute Kontakte zu seinesgleichen und ihn unterstützende Untergebene. *Bei Rückschlägen reagiert er empfindlich, sucht die Schuld aber zunächst bei sich.*

Er will weiterkommen und befördert werden. Dabei spielen finanzielle Erwägungen eine Rolle, aber wichtiger noch als Geld ist ihm das Sozialprestige. Dafür *setzt* er alle seine *Fähigkeiten und Kräfte ein.* Er ist sich seiner selbst nicht so ganz sicher, wie er tut. Vor allem hat er eine ständige oder wiederkehrende Furcht zu versagen. Das wird in Besprechungen und Verhandlungen sehr deutlich, vor allem, wenn er zu verlieren beginnt! Daher *manipuliert* er, *wo es ihm oder der Sache nützt,* das soziale Umfeld: Sein Machttrieb wird sichtbar.

Mit seinen Bedürfnissen ist er den Anforderungen einer Organisation, den verschiedenen Positionen innerhalb der pyramidenförmig ansteigenden Leiter besonders gut angepaßt: Er *strebt nach Anerkennung, Beförderung und Prestige,* und der Betrieb gibt sie ihm, weil er leistungsstark ist und sich geschickt ein- und unterordnet.

Genaugenommen ist der Aufsteiger nicht der bürokratischen Organisation ganz allgemein angepaßt, sondern nur ihren höheren Rängen. Gemeinsam mit den anderen hält er dort die Fäden in der Hand. Er braucht dazu nicht erst motiviert zu werden. Die Angst vor dem

Versagen läßt automatisch ein heftiges Verlangen nach Umweltkontrolle aufkommen – und er bringt alles wieder ins reine. Ihm dabei zu helfen, ist Aufgabe des Beraters bzw. Verkäufers.

## Kurzfassung

■ Ehrgeiziger, in der Regel tüchtiger Mensch, den es nach Aufstieg und Beförderung dürstet.
■ Setzt stets seine Fähigkeiten und Kräfte ein.
■ Meint, nicht versagen zu dürfen.

## Sein Gesprächsverhalten

■ Klar und deutlich.
■ In Tonfall und Stimme ist Dynamik erkennbar.
■ Bringt das Wesentliche pointiert zum Ausdruck und „weiß, was er will".
■ Stellt sich günstig dar.

## Worauf es ihm ankommt

■ Die Sache, das Problem soll bestens gelöst werden.
■ Läßt sich nicht beiseite drängen und sich nicht leicht unterkriegen.
■ Seine Position dient ihm zur Selbstverwirklichung, als der Platz, wo er sich vor sich selbst und den anderen bewähren muß.

## Wie er behandelt werden will

■ Zeigen Sie Verständnis für seine Position bzw. Aufgabe.
■ Was ihm zusteht, soll er bekommen.
■ Da er kommunikativ gut und auch kooperativ ist, können Sie mit ihm alles auf sachlicher Ebene vereinbaren.
■ Er verträgt Meinungsunterschiede und Kritik an der richtigen Stelle.
■ Stellen Sie sich gleichberechtigt.
■ Helfen Sie ihm, wo Sie können. Das vergißt er nicht.

# Der Gleichgültige

*Sein Arbeitsplatz ist ihm wichtig für den Lebensunterhalt,* mehr bietet er ihm nicht. Er ist den Erfordernissen des Betriebes nicht gut angepaßt. Im Grunde erstrebt er etwas anderes, als das Unternehmen ihm bietet. Er befleißigt sich deshalb keines besonderen Eifers oder Konformismus. Andererseits *meidet er alles, was seine Stellung gefährden könnte.* Er tut gerade so viel, wie nötig ist, um seine Stellung und damit seinen Lebensunterhalt zu sichern.

Die „Gleichgültigen" sind Arbeitnehmer auf Zeit, teilweise mit „innerer Kündigung", und eigentlich, *was die Identifikation mit ihrem Betrieb anbelangt, indifferent.*

Diese Indifferenten findet man vor allem in den unteren Rängen der Organisation, gelegentlich auch als Spezialisten. Es sind Menschen, deren subjektive Bedürfnisse oder Werte von vornherein nicht jenen von den Betrieben oder Organisationen gebotenen Befriedigungs- chancen entsprechen, oder es sind Menschen, die ursprünglich – wie die Aufsteiger – nach Beförderung, Status, Anerkennung und Auto- rität strebten, denen die Erfüllung dieser Wünsche jedoch versagt blieb. Von vornherein *geringes Anspruchsniveau* kann eine vorder- gründige Anpassung erleichtert haben.

Einen Teil der Gleichgültigen kann man auch als die Frustrierten bezeichnen. Sie wurden  wiederholt daran gehindert, angestrebte Ziele im Alltagsleben zu erreichen und mußten sich manches versa- gen. Bei allen liegt infolge der subjektiv gering eingeschätzten Chancen im Betrieb die Neigung vor, Freizeit und Familienleben höher einzuschätzen als Arbeit, Identifikation und Aufstieg, oder sie sind von Anfang an als „Jobber" angetreten. – Sie zu motivieren ist schwer, aber nicht unmöglich.

**Kurzfassung**

- Er arbeitet, um seinen Lebensunterhalt zu verdienen.
- Freizeit ist ihm wichtiger als Arbeitszeit.
- Der Betrieb gibt ihm keine Befriedigung.
- Manchmal ist der Typus frustriert, weil er sich nicht bewähren und aufsteigen kann.

**Sein Gesprächsverhalten**

- Spontan, wenig kontrolliert.
- Seine Aussagen stimmen nur ungefähr.
- Wirkt lässig, schwenkt aber auf das Notwendige ein.
- Geht Entscheidungen aus dem Weg; beruft sich auf Vorgesetzte oder die „Organisation".

**Worauf es ihm ankommt**

- Er möchte keine Schwierigkeiten haben.
- Sucht nach angenehmen Gefühlen, möchte unmittelbare Ergebnisse und möglichst sofortige Befriedigung seiner jeweiligen Bedürfnisse.
- Nimmt gern, gibt aber wenig.

**Wie er behandelt werden will**

- Trotz seines Charakters möchte er ernst genommen werden.
- Sie müssen ihn und seine Stelle respektieren.
- Bei Meinungsverschiedenheiten kann wohlwollendes Einlenken helfen, ihn im Sinne seiner betrieblichen Aufgaben zu bestärken.

# Der Labile

Wir alle kennen ihn, den labilen Menschen: *launisch, empfindlich und unruhig,* wenig beständig. Im äußersten Fall gilt er als wetterwendisch. *Neurotische Reaktionsweisen* sind *nicht unüblich.*

Er *folgt den inneren Impulsen spontan.* Von emotionaler Stabilität weit entfernt, gelingt die Aktivierung der Willenskräfte – um gegenzusteuern – nur selten. Im Gegenteil, er kann den Aufschub von Befriedigungen seiner Bedürfnisse nicht ertragen, und muß er verzichten, ist er schnell frustriert.

*Frustration* ist bei ihm sozusagen tägliches Ereignis. Sie *kann zu aggressivem Verhalten führen.* Funktionsstörungen im Bereich des Erlebens sind die Ursache, nicht etwa „schlechter Charakter“. Das Vegetativum ist stärker. Meist ist die Ursache auf die frühkindliche Entwicklung zurückzuführen, die fest im Persönlichkeitsbild verankert ist.

Diese *leichte Störbarkeit schon bei nichtigen Ereignissen* wird von der Umwelt als unrealistisches Verhalten gewertet. Die mangelnde Gleichmäßigkeit und Kontinuität in Stimmungslage und Verhalten führen dazu, daß er seine Um- und Mitwelt in Alarmbereitschaft hält.

Psychische Labilität ist zwar nicht angeboren, eher erworben und durch Gewohnheit verstärkt. Mit den Folgen – Launenhaftigkeit und leichte Frustrierbarkeit – muß man rechnen. *Die gehäuften neurotischen Reaktionsweisen sind Wesensmerkmale* der Persönlichkeit. Ihn haut schnell etwas um. Folgt er spontan seinen inneren Impulsen und es klappt nicht, kann er ausfallend werden oder auch Tränen vergießen. *Bei Laune gehalten, kann er Gutes leisten.*

Typisch ist ein labiles Schwanken zwischen wechselnden Reizen und Zielen. Schnell bereit mitzumachen, kann er durchhalten, solange er vorwärts kommt und Erfolg hat. Die Begeisterung schwindet aber schnell, wenn Schwierigkeiten auftreten. Dies und das Vorhergesagte muß man bei seiner Einschätzung berücksichtigen oder in Kauf nehmen. Jede andere Vorgehensweise erhöht die Gefahr eines Mißerfolges.

## Kurzfassung

■ Emotionen sind häufig und intensiv, so daß der Labile sie nicht immer kontrollieren kann.
■ Er neigt zu Impulsivität und Spontanität und ist schnell frustriert.

## Sein Gesprächsverhalten

■ Lebhaft, nervös, mit ausbrechenden Affekten.
■ Einer sachlich-nüchternen Argumentation kaum zugänglich.
■ Je nach Verfassung und Laune kann er spontan zustimmen oder die Sache total ablehnen.

## Worauf es ihm ankommt

■ In erster Linie auf die Erfüllung seiner Wünsche.
■ Braucht Zuspruch, Anerkennung und sucht Bestätigung.

## Wie er behandelt werden will

■ Da sein Selbstwertgefühl schwach ist, sollten Sie nicht auf ihn eindringen.
■ Eine ruhige, sachliche Sprechweise und Ihre sicher führende Hand bringen Sie eher zum Ziel.

# 7. Eigenständige, gestaltende, leistungsbereite Typen

Zu dieser Gruppe gehören Menschen, die in sich ruhen, wie der Introvertierte, aber auch solche, denen es gelungen ist, eine eigenständige Persönlichkeit zu entwickeln und zu pflegen, wie dies am deutlichsten beim Pragmatiker geschieht. Andere haben die Eigenart entwickelt, ihren Lebensrahmen frei zu gestalten oder zu sprengen, wie das etwa beim Kreativen der Fall ist. Gemeinsam ist ihnen das Streben nach Selbständigkeit, Leistung und Einfluß.

# Der Selbstbewußte

Das, was ich erlebe, erfahre und empfinde, so, wie ich mich erlebe, meine Erinnerung, einschließlich der Vorstellung über mich selbst, fließen im Selbstbewußtsein zusammen. Es kann von der schwächlichen Selbstbehauptung bis zum Stolz und zur Überheblichkeit reichen. Was den hier genannten Charaktertyp anbelangt, so ist nicht jener Mitarbeiter, Vorgesetzte oder Kunde gemeint, der sein Selbstbewußtsein zur Schau trägt, sondern *der selbstsichere Mensch aufgrund von „gesundem" Selbstbewußtsein.*

Seine Gelassenheit ist echt. Sie beruht auf der Überzeugtheit von der eigenen Person, den eigenen Fähigkeiten. Sein Selbstgefühl läßt ihn die eigene innere Freiheit, die auf Können und Situationsbeherrschung beruht, erleben. *Selbstsicherheit ist mit Selbstvertrauen und Selbstachtung verbunden.*

Worauf Charakter und Verhalten des Selbstbewußten insbesondere beruhen, sind gute Vitalität, d. h. das Erlebnis eines stets vorhandenen Kraftüberschusses. Er hat *starke Antriebskräfte zum Handeln und Schaffen.* Seine Einstellung zum Leben ist also nicht passiv. Der Grundzug seines Charakters ist der Wille zur Gestaltung. Er bedarf weder der Führung noch der Hilfe. Er hat sich selbst in der Hand und führt sich selbst. Sein in Fähigkeiten und der positiven Einstellung zum Leben und zur Arbeit begründetes gesundes Selbstwertbewußtsein berechtigt ihn dazu. Ihm kann man Verantwortung delegieren.

*Sachliche Begegnung* und das Gewähren von Selbständigkeit und eigener Verantwortung sind die Mittel seiner Führung und Förderung. Als Kunde verdient er eben diesen Respekt. Ruhige, sachliche, *zielgerichtete Information* ist wichtiger als das Herausstellen besonderer Eigenschaften eines Produktes.

## Kurzfassung

- Der Selbstsichere mit gesundem Selbstbewußtsein verfügt über echte Gelassenheit.
- Sie beruht auf Können und der Beherrschung auch schwieriger Situationen.
- Achtet auf Anforderungen und die Qualität der Arbeit.

## Sein Gesprächsverhalten

- Ruhig, sachlich, zielgerichtet.
- Der Wille zur Gestaltung oder Mitgestaltung, also auch zur Kooperation, tritt deutlich hervor.
- Ist aktiv, will die Dinge regeln.
- Er ist gelassen und beherrscht die jeweilige Situation, stellt sachliche Fragen, ist kooperativ.

## Worauf es ihm ankommt

- Die Einstellung auf den Sachverhalt, die Beachtung seiner Zielsetzung, auch: Anerkennung seines Strebens nach Vollendung einer einmal begonnenen Arbeit.
- Es soll etwas geschehen, und es soll sachlich richtig und in seinem Sinne geschehen. Dabei ist er kooperativ und produktiv.

## Wie er behandelt werden will

- Sachliche Begegnung.
- Achtung seiner Selbständigkeit und Eigenverantwortlichkeit.
- Sie dürfen mit vernünftigen Reaktionen seinerseits rechnen.
- Da er sich selbst etwas zutraut, nicht belehren oder führen, sondern an seine Fähigkeit, die Dinge selbst zu regeln, appellieren.
- Kritik und Tadel nimmt er nicht an.
- Neuen Erkenntnissen ist er allerdings zugänglich.

# Der Kreative

Seine Kennzeichen sind *Interesse, Neugier* und ein Rest kindlicher *Naivität.* Vieles, was der Kreative denkt oder tut, ist überraschend.

Kreative Menschen besitzen die Fähigkeit, ihrer Umwelt mit einer *offenen, kritischen Haltung* gegenüberzutreten. Sie sind „sensibel" für Probleme und besitzen die Gabe, in kurzer Zeit *viele Gedanken,* Ideen oder Assoziationen zu produzieren. Sie haben Inspiration, gefallen sich im Nonkonformismus, sind gern autonom. Dabei bringen sie ungewöhnliche Lösungsansätze und Ideen hervor.

Sie bleiben nicht an der Oberfläche, sondern durchdringen das Problemgebiet. Sie besitzen die Fähigkeit, Gegenstände in neuen Beziehungen und auf originelle Art zu erkennen: „Ich hab's, das ist die Lösung!"

*Intensität und Gründlichkeit des Denkens* auf der einen Seite, das Umwandeln, Verändern oder Umstrukturieren gegebener Informationen auf der anderen, befähigen sie, *„Neues"* zu *schaffen.* Angetrieben werden sie durch Neugiermotivation und das *Streben nach Selbstverwirklichung.*

Intelligenz ist eine notwendige Voraussetzung. Psychische Gesundheit, *Ich-Stärke,* eine gewisse Aggressivität oder Dominanz treten hinzu. Meist sind auch größere Energiereserven vorhanden. Diese persönlichen Grundlagen ermöglichen es, Konflikte, Frustrationen, Unsicherheit und Ungewißheit, alles Begleiterscheinungen des schöpferischen Prozesses, zu ertragen.

Man achte auf *Zielgerichtetheit, Sinnhaftigkeit* und *Realitätsangepaßtheit* beim Kreativen, um nicht solchen Menschen aufzusitzen, die sich für kreativ halten, aber nur „originalen Unsinn" produzieren. Als Kunde lasse man sie gewähren.

## Kurzfassung

- Der schöpferische Mensch ist ein Tüftler, Bastler, Erfinder, Ideenproduzent und meist ein bißchen versessen auf seine Einfälle.
- Starkes Ich, kein Konformist, belastbar.

## Sein Gesprächsverhalten

- Er fängt gern mit einem ungewöhnlichem Gedanken an, kann bildhaft schildern und stellt viele Fragen.
- Interesse und die kritische Haltung sind mit Zielgerichtetheit gepaart.

## Worauf es ihm ankommt

- Sucht die besondere Lösung.
- Und: Die „Sachen" müssen funktionieren. („Für alles gibt es eine Lösung.")
- Will Bestätigung und kann Lob gebrauchen.

## Wie er behandelt werden will

- Exzeptionell und seinen Gedanken folgend.
- Da er sensibel für Probleme ist, dürfen Sie alles genau im Detail erläutern.
- Bei Meinungsverschiedenheiten sollten Sie ihm recht geben, denn er kann auch aggressiv werden.
- Am besten gewähren lassen.

# Der Ingenieur

Seine Aufgabe ist es, praktisch-technische Probleme mit fundiertem Wissen auf seinem Spezialgebiet zu lösen. Sein Beruf erfordert Gewissenhaftigkeit und menschliche Reife.

*Das Ingenieurdenken ist ein sachliches, genaues, realistisches Denken.* Sein Urteil ist ein nüchternes Unterscheiden von Wunschvorstellungen und Machbarkeit, von Wesentlichem und Unwesentlichem, von Realität und „Bla-Bla". Er geht intellektuell, mit geistigem Augenmaß an die Dinge heran und benötigt Selbstsicherheit, um Lösungen nicht nur zu sehen, sondern sich zu entscheiden, welche Lösung er wählt.

Nüchternheit und eine gewisse Härte, Genauigkeit und Aufmerksamkeit sowie das stete Durchdenken bis ans Ende sind wesentliche Merkmale. Schnelles, oberflächliches Arbeiten – mit eingebauten Fehlern – ist nicht ingenieurtypisch. Um die unvermeidlichen Widerstände aller Art im Dienste der gestellten Aufgabe zu überwinden, setzt er *Klarsicht, Beharrlichkeit* und *Beherrschungsvermögen* ein.

Es gibt nicht nur einen Typen des Ingenieurs. Der Ingenieurberuf ist in seinen vielfältigen Zweigen facettenreich, sozusagen ein Land mit unterschiedlicher Topographie, mit Höhen und Tiefen, die mit unterschiedlichen intellektuellen Mitteln zu meistern sind, „bewohnt" mit mancherlei Wesen, die sich darin wohl fühlen und Tüchtiges leisten.

Man wird Anforderungen der Stelle und Persönlichkeit stets sorgfältig auf Übereinstimmung oder Nichtübereinstimmung prüfen und berücksichtigen müssen.

Will man den Ingenieur charakterisieren, so tritt folgendes Eigenschaftsbündel in den Mittelpunkt: *Im Kontakt eher zurückhaltend,* emotional unauffällig, Interesse an technischen Aufgabenstellungen, meist Desinteresse an Organisation, Hierarchie und Sozialprestige, Gewissenhaftigkeit und Zuverlässigkeit, *solide, meist konservative*

Einstellung (kaum einer von ihrer Zunft will die Gesellschaft „umkrempeln"), *Selbstgenügsamkeit* und *Selbstdisziplin*.

Naturwissenschaftliches Denken erzieht zur Sorgfalt und Regelhaftigkeit. Der Ingenieur hält wenig von nicht nachvollziehbaren Ideen. Seine Abstraktionen sind präzise und berechenbar. Seinen sozialen Status in der Hierarchie nimmt er weniger ernst.

## Kurzfassung

- Sachlich, nüchtern, realistisch, praktisch-technische Einstellung, mit Liebe zum Detail, zur Formel, zur Zahl.
- Bei neuen Ideen kommt gelegentlich der Spieltrieb zum Vorschein.

## Sein Gesprächsverhalten

- Kommt bald zur Sache. Sagt, worum es geht. Will präzise Auskünfte.
- Kann sich in eine Sache verbeißen.
- Im persönlichen Kontakt zurückhaltend.
- Bei Meinungsverschiedenheiten nimmt er Eindrücke ruhig auf und klärt Abweichungen auf der Fachebene.

## Worauf es ihm ankommt

- Seine Aufgabe steht im Vordergrund.
- Er will solide planen, prüfen und den Fortgang kontrollieren.
- Auf Sicherheit kommt es ihm mehr an als auf Anerkennung.

## Wie er behandelt werden will

- Er bevorzugt fachlich gut untermauerte Darstellungen.
- Gewissenhaftigkeit und Realitätssinn schätzt er ebenso wie Unterstützung bei der realistischen Entscheidungssuche.

# Der Introvertierte

*Er ist in sich gekehrt und verschlossen.* Wir finden ihn in vielerlei Berufen und Positionen. Er lebt abgesondert, zurückgezogen, vereinzelt. Er ist aber kein Einzelgänger. Sein *zögerndes Abwarten,* die späte Kontaktaufnahme, das sich Langsam-Vortasten sind vielmehr Zeichen eines reichen Innenlebens, das er nicht so leicht aufs Spiel setzen möchte.

Sein *nachdenkliches Wesen* führt dazu, daß er vor neuen Objekten scheut und leicht in die Defensive abgedrängt wird. Er *beobachtet* sein Umfeld *mit Skepsis* oder Mißtrauen und braucht Zeit, um sich zu entscheiden.

Bei seinem zurückgezogenen Wesen hat er meist nur ein paar enge Freunde und genießt einzelgängerische Betätigungen wie Lesen und Angeln, oder er sperrt sich in seinen Hobby-Keller ein. – *Inaktiv, wenig soziabel und auch gehemmt,* sucht er sich einen ruhigen Posten, wo seine Vorzüge zum Tragen kommen können – die Sorgfalt, seine Selbstbeherrschung und die Verantwortlichkeit.

*Er lebt und ruht in sich,* kann ein wertvoller Mitarbeiter sein, dessen Nachdenklichkeit und Auseinandersetzung mit den Fragen und Problemen des Betriebes oder der Welt, für humane und ethische Probleme des Betriebes und der Gesellschaft ein sehr nützlicher Beitrag sein können. Sein Beitrag ist der Wert seiner Persönlichkeit. Seine Vorteile sind Sorgfalt, Selbstbeherrschung und Verantwortlichkeit. Letztgenannte kann sich zum Nachteil entwickeln, da sie zur Selbstbeschränkung führt. Seine Selbstbehauptung ist schwach ausgebildet.

Im Unterschied zum Extravertierten wendet sich die psychische Energie nach innen. Er wird stets fragen: „Wie stehe ich vor mir da?" Das ist natürlich ein Selbstschutz und ein mehr als „gesundes Mißtrauen". So *schützt* er aber *seine* Intimsphäre.

Vorgesetzte haben es oft schwer mit ihm. Eine innerbetriebliche Versetzung oder geänderte Arbeitsanforderungen bedürfen bei ihm überlegter Planung und Entscheidung – wie auch der Kauf eines Autos oder der Bau eines Hauses.

## Kurzfassung

- Er ist in sich gekehrt und verschlossen, aber nicht abweisend.
- Sein Mißtrauen ist konstruktiv.
- Er verfügt über schwache Selbstbehauptung.

## Sein Gesprächsverhalten

- Sein zögerndes, nachdenkliches Wesen kennzeichnet auch sein Gesprächsverhalten.
- Skepsis schimmert durch.

## Worauf es ihm ankommt

- Er möchte alles wohlvorbereitet und richtig machen.
- Er will klare, belegte Aussagen, sorgfältige Planung, eindeutige Argumente, Absicherung.

## Wie er behandelt werden will

- Gehen Sie auf sein Gesprächstempo ein und hören Sie zu. Überhören Sie Skepsis oder Mißtrauen.
- Zeigen Sie Sorgfalt. Bei Meinungsverschiedenheiten weicht er in „grundsätzliche Erwägungen" aus. Daher praktikable Grundsätze vorschlagen.

# Der Pragmatiker

*Sachlich*, fachmännisch und *ohne Voreingenommenheit* geht der Pragmatiker an die Dinge heran. Er ist einer, der handelt. Menschen mit Realismus und pragmatischem Vorgehen benötigt man vielerorts. Der Pragmatiker ist so ein *„Mensch der Wirklichkeit"*. Er handelt nach der Devise: Was den Tatsachen und Erfahrungen entspricht, ist wahr, und nur das dient dem praktischen Nutzen.

*Nüchtern und auf die Sache selbst gerichtet,* ist er kein Verfechter von „Dienstordnungen", sondern ein Mann – oder eine Frau – der Tat. Auf Fakten beruhend und geschäftskundig legt er den ursächlichen Zusammenhang dar. Das ist die Basis seiner Überzeugungsfähigkeit und Selbstbehauptung.

*Ein Pragmatiker,* der eine Erkenntnis für wahr hält, insoweit sie für das Tun oder Leben des einzelnen oder einer Gruppe förderlich ist, *wirkt* auf manche Menschen erschreckend oder *ernüchternd.* Man ist ihm aber auch dankbar, weil er zeigt, „was Sache ist". Er visiert das in der jeweiligen Situation Mögliche an, tut das Notwendige und packt zu, sobald sich ihm eine Chance bietet.

Den Pragmatikern wird manchmal vorgeworfen, sie „drehten ihr Mäntelchen nach dem Wind", weil sie keine Prinzipien hätten oder von einer „Philosophie" oder „Ideologie" wenig beeindruckbar seien. Tatsächlich handeln Pragmatiker nach der Erkenntnis, was dem einen nützt, mag dem anderen schaden. Denn eine allgemeingültige Wahrheit gibt es nicht. Wahrhaft förderlich ist nach ihrer Überzeugung nur, was mit der Wirklichkeit übereinstimmt, also in der objektiven Wahrheit wurzelt.

Er ist der spontane oder dauerhafte Führer; „im Glied" sollte man in nicht verschleißen. Erkenntnis der Erkenntnis willen oder Forschungstrieb sind nicht sein Element, obwohl man das bei seinem Schaffens- und Gestaltungsdrang vermuten möchte. Es ist das *Leistungsstreben,* auch das *Streben nach Selbstverwirklichung,* was ihn in Bewegung hält. Als Verantwortlicher läßt er sich gern ins Geschirr nehmen. Solange er dran bleibt, gehen die Dinge voran. Wer ihn einsetzt, sollte ihn gewähren lassen. Wer ihm etwas verkaufen möchte, tut gut daran, alles aus der Verkäuferschulung zu vergessen und diesem Pragmatiker helfend und dienend zur Seite zu stehen, damit er seine Ziele erreichen kann.

## Kurzfassung

- Sachlich-nüchterner Mensch, dem es um den praktischen Nutzen geht. Will – und tut – das Mögliche.
- Steht auf dem Boden der Tatsachen. Bringt die Dinge voran. Handelt situativ (nicht nach Ideen oder Plänen) und will die Entscheidung.

## Sein Gesprächsverhalten

- Zielgerichtet, handfest, bleibt konsequent.
- Fachlich gut orientiert, geschäftstüchtig.
- Stellt seine Meinung akzentuiert dar. Verfolgt seine Strategie.

## Worauf es ihm ankommt

- Einzig und allein auf Tatsachen. Eine organisatorische Regel oder Vorschrift ist für ihn keine Tatsache.
- Bei seinem realistischen Blick stören ihn abstrakte Vorstellungen oder Theorien. Er will hier und jetzt handeln oder klare Verhältnisse schaffen.

## Wie er behandelt werden will

- Er möchte, daß man ihm zuhört und jedes Wort aufnimmt. Sagen Sie ihm klar, wie Sie disponieren werden, wie die einzelnen Schritte sind. Meinungsverschiedenheiten aufklären.
- Kritik stört ihn nicht, wohl aber Belehrung. Behalten Sie Ihre Linie bei.

# Der Unabhängige

Als Beispiel des unabhängigen Typus können Unternehmer und manche Führungskraft gelten. Die *Bestimmtheit im Auftreten* beruht zum großen Teil darauf, daß der Betreffende *von sich selbst überzeugt* ist. Da er sich auch zu behaupten weiß und andere ihm folgen, hat er laufend die Rückmeldung, daß sein Führungsanspruch anerkannt wird. Seine *Motive sind Selbstbehauptung, der Drang, etwas bewegen zu wollen, sich in einer Sache verwirklichen zu wollen* und Dominanz.

Seine *Dominanz* ist meist mit einer guten Portion *Energie* und *Tatkraft*, aktivem Kontaktstreben und *Unkonventionalismus* gepaart. Er dirigiert Menschen, die besser als er gelernt haben, sich einzugliedern bzw. sich unterzuordnen.

Der Prozeß der Sozialisation ist scheinbar spurlos an ihm vorübergegangen. Hat er nicht gelernt, sich anzupassen, oder ist er besonders begabt, um es sich erlauben zu können, sich über Regeln hinwegzusetzen? Wahrscheinlich gilt beides. Sozialisation als entwicklungspsychologischer Prozeß, durch den jeder hindurch muß, hat den Sinn, jene Fähigkeit zu entwickeln, die für eine erfolgreiche Eingliederung in die soziale Gemeinschaft erforderlich sind. Der Unabhängige hat insoweit seine Lektion „falsch" gelernt: Er wurde bestimmt, selbstüberzeugt, hart, befehlsgebend und direktiv.

## Kurzfassung

- Unabhängig von seiner beruflichen Stellung von sich überzeugt.
- Läßt sich in kein soziales oder organisatorisches Netz spannen.
- Er ist „unabhängig" und gewohnt, andere zu führen.

## Sein Gesprächsverhalten

- Bestimmt, direktiv, fordernd.
- Objektive Einschätzung der Situation.
- Dabei gibt er alle notwendigen Auskünfte.
- Läßt sich auf „Vorschriften" oder ähnliche Begrenzungen nicht ein.
- Will sein Anliegen durchsetzen.

## Worauf es ihm ankommt

- Unkonventionelle Durchsetzung.
- Tatkräftige Auseinandersetzung, ohne aggressiv oder unfair zu werden.
- Eindeutige Planung und Durchführung.

## Wie er behandelt werden will

- Klärung der Voraussetzungen.
- Sein unabhängiges Urteil gelten lassen.
- Realistische Prüfung der Chancen.
- Bei Meinungsverschiedenheiten oder Kritik ist er nicht beleidigt.
- Sie sollten ihm stets Kompromisse anbieten.

# Der Kontaktstreber

Es gibt kontaktfreudige, gesellige Menschen und *kontaktstarke Streber, die gezielt auf andere zugehen,* die „wissen, was sie wollen". Um letztere handelt es sich.

Indem sie auf andere Menschen zugehen, suchen sie primär nicht Kontakt, Partnerschaft und Freundschaft – obwohl sie diese nicht ausschließen –, sondern das Anbahnen ihrer Absicht. Sie möchten mit dem anderen ihre Ziele verwirklichen; der andere wird in ihre Ziele eingespannt.

Daher ist ihre Wirkung auf andere selten die einer sensiblen Einfühlung, sondern das eines Zupackens, eines klaren Wollens. Der andere wird „angesprochen", für die Sache „interessiert"; es werden ihm die dadurch zu gewinnenden Vorteile „klargelegt".

*Motivation, Überredung und Manipulation liegen stets dicht nebeneinander.* Man weiß nie genau, woran man ist. Dank des Bewußtseins der eigenen Wirkungsmacht ist das Auftreten des Kontaktstrebers bestimmt und meist auch – trotz des oft entwickelten Charmes – dominant. Er gibt auch nicht so leicht auf, *weiß* vor allem, *wie man Menschen nimmt und für seine Ziele einspannt.* Er ist Führungs- und Verkäuferpersönlichkeit in einem. Man kann sich mit ihm arrangieren.

Der Kontaktstreber hat gelernt, wie man mit Menschen umgeht. Er kennt ihre Schwächen und Stärken (natürlich auch seine eigenen) und weiß, wie man sie anpackt. Gezielt auf andere zugehen, sie ansprechen, sie für seine Sache interessieren und diese bei Wahrung ihrer Interessen zu beeinflussen, ist sein „Temperament". Dazu braucht er nicht viel Überlegung und Planung. Seine „soziale Intelligenz" sagt ihm, wie die Interessen und Absichten liegen und wie man mit Menschen umgeht.

Seine Motivation ist: Verwirklichung seiner Ziele im mitmenschlichen Rahmen; klares Wollen, Einsatz der Willensstärke; Selbstbehauptung und Dominanz; Freude, andere überzeugt, überredet oder manipuliert zu haben.

## Kurzfassung

■ Geht gezielt auf andere zu.
■ Ist bestimmt und dominant.
■ Er weiß, wie man mit Menschen umgeht.

## Sein Gesprächsverhalten

■ Überzeugend und motivierend. Will den anderen für seine Sache gewinnen.
■ Stellt viele Fragen; steigt in die offene Diskussion ein; setzt sich mit der Sache und den Menschen auseinander.
■ Ist kooperativ.

## Worauf es ihm ankommt

■ Verwirklichung seiner Ziele.
■ Behauptung seines Standortes.
■ Einsatz seiner Willensstärke, Durchsetzung.

## Wie er behandelt werden will

■ Kontakt aufnehmen und beibehalten, aber aufpassen, daß er Sie nicht überfährt.
■ Will wissen, wie man die Sache anpacken wird. Versprechen Sie nicht zuviel.
■ Man kann sich mit ihm arrangieren.
■ Bei Meinungsverschiedenheiten machen Sie sich auf schnelle, direkte Antworten gefaßt.

# Der Dominante

Er ist *bestimmt in seinem Verhalten und Auftreten*. Sprache, Tonfall und Rede strahlen diese Bestimmtheit überall aus, wo es gilt, „oben zu sein". Meist spricht auch die Körpersprache mit den wesentlichen Merkmalen Körperhaltung, Gestik und Mimik die gleiche Sprache: *Er will dominieren,* jede andere Rolle in der Partnerschaft oder Gruppe, z. B. die des sich Ein- und Unterordnenden, ist ihm wenig wert.

Im Gegenteil, er braucht den ganzen Rollenkatalog vom emsigen Arbeiten, Sprechen und Argumentieren bis zum überzeugenden Zusammenfassen, damit er sich stets vollkommen auf sein Ich, nämlich die Rolle des Dominators konzentrieren kann. *Selbstbehauptung, stets aktives Konkurrenzverhalten und deutliche Durchsetzung sind seine Lebenselemente.*

Dominanz kann man nur eine kurze Weile „spielen", wenn man kein echter Dominator ist. Gespielte Dominanz wird schnell als unecht oder als Anmaßung entlarvt. Davon zu unterscheiden ist der „Rückzug" eines sonst Dominanten vor einem noch größeren Dominator.

Dominanz wird früh erworben und – weil sie so „schön" ist – beibehalten, aber auch weil sie so viele Vorteile mit sich bringt. Sie erfordert als Gegenleistung die Mobilisierung der eigenen Kräfte. Man lasse sie dominieren, helfe ihnen, wo man kann, denn sich Unterordnenden helfen sie auch.

Dominante Personen sind den meisten Menschen unangenehm, bedeutet doch Dominanz die Forderung nach Unterordnung. Und die meisten oder zumindest viele Menschen wollen sich nicht unterordnen. Das kennen viele schon aus der Kindheit: Unterordnung ist meist mit einer Niederlage verbunden gewesen. Anderseits kam jedoch ein Mensch ohne das Erlebnis, daß man sich gelegentlich unterordnen muß, kaum je aus, und daß dies manchmal gar nicht zu schlecht ist, haben auch viele erfahren. *Dominanz, die zugehörige*

*Sprache, der bestimmte Ton und das dahinterstehende klare Wollen bewirken Unterordnung.* Mobilisiert ein Dominator seine Kräfte, so geben viele spontan auf und schlüpfen in die bekannte Nische des sich Ein- und Unterordnens.

Seine Motive sind: Klares Wollen und starke Selbstbehauptung. Trieb, es mit Konkurrenten aufzunehmen, und das Bedürfnis, sich durchzusetzen. *Angst vor größerer Macht oder Dominanz eines anderen.* Unter Druck von oben wächst die Neigung, Schwächeren zu helfen, sie aufzubauen.

## Kurzfassung

- Er steht „oben" und will bestimmen.
- Dominanz bedeutet die Forderung nach Unterordnung.

## Sein Gesprächsverhalten

- Sprache und Tonfall strahlen Bestimmtheit aus.
- Versucht, überzeugend zu argumentieren. Klares Wollen.
- Eindeutiges Selbstverständnis.
- Versucht, durch Angriffslust einzuschüchtern.

## Worauf es ihm ankommt

- Er will dominieren, bestimmen und ist zufrieden, wenn der andere sich unterordnet.

## Wie er behandelt werden will

- Respektvoll.
- Lassen Sie ihn dominieren. Machen Sie ihm die Möglichkeiten aber klar. Er versteht, daß es Zuständigkeiten und Vorschriften geben muß.
- Lassen Sie sich nicht einschüchtern. Präzise Antworten und eine laute Stimme können helfen.

# Der Machtmensch

*Er ist der Herrscher,* durch Machtgier oder gar Machtbesessenheit gekennzeichnet. Wir treffen ihn in fast allen Organisationen an der Spitze oder auf dem Weg dorthin, am häufigsten jedoch in der Politik.

Der Machtmensch bejaht sich und sein Wesen. Er *verlangt* von den anderen *Gehorsam* und will, daß sie sich seinen Meinungen und Anordnungen fügen. Oft ist er eine gebieterische Erscheinung, oder er verdankt seine Macht der physischen Stärke oder Körpergröße.

Machtmenschen sind tatkräftige Persönlichkeiten, die sich die Unterwerfung anderer mittels Überordnung und Überzeugung schaffen. Sie können ihre Gedanken mit zwingender Eloquenz und Beharrlichkeit vortragen. Hinzu kommen meist Scharfsinn, Intelligenz und Charme, gelegentlich auch feierliches Gehabe.

Grundlage ihres Erfolges ist jedoch die *Vermittlung des Eindrucks der Rechtschaffenheit* und *Glaubwürdigkeit* und, wo opportun, bringen sie auch entsprechende „Beweise" dafür. Im übrigen setzen sie auf *Manipulation,* wobei sie das Wollen und die Meinung des jeweiligen Publikums geschickt für ihre Ziele ausnutzen.

*Wissen ist* ihnen *Macht,* ein Mittel zur Herrschaft, und vielerorts ist Macht erforderlich, weil andere „Mächtige" die Konkurrenten sind. Die Durchsetzung unternehmens- oder marktpolitischer Ziele bedarf entsprechender Autorität oder Macht.

Machtstreben kann entstanden sein als Reaktion auf die Erfahrung der Machtlosigkeit und Unterlegenheit des Kindes in der Familie. Aber auch die frühe Erfahrung, daß Eltern sich von ihren Kindern tyrannisieren lassen, kann den Ausschlag gegeben haben, Machtgelüste zu entwickeln und zu pflegen. Doch ist der Machtmensch so rechtschaffen, wie er gerne tut? Und ist er glaubwürdig? *Er ist ein Manipulator.* Er setzt alle Mittel ein, sofern es ihm opportun erscheint. Die Skala reicht von der pathetisch heraufgespielten Wahrheit bis hin zur kalkulierten robusten Lüge.

Damit muß man rechnen und umgehen können. Man kann sich vor ihm klein machen, dann hat er ein leichtes Spiel. Als Verkäufer kommt man mit Klugheit auf seine Kosten. Als Vorgesetzter wird man seine Macht begrenzen wollen. Sie muß durch Kompetenz und Leistung abgedeckt sein.

## Kurzfassung

- Gebieterisch stellt er seine tatkräftige Persönlichkeit in den Vordergrund.
- Er will andere unterwerfen und ist sehr beharrlich.
- Von sich überzeugt, verlangt er Gehorsam.
- Will herrschen und beherrschen.

## Sein Gesprächsverhalten

- Sehr beredt.
- Setzt alle seine Mittel ein: Wissen, Überzeugung, Scharfsinn und Manipulation, je nachdem, was ihm opportun erscheint.

## Worauf es ihm ankommt

- Macht und Herrschaft, Selbstbehauptung und Durchsetzung, Kontrolle über andere.
- Will alle „nach seiner Pfeife tanzen" lassen.

## Wie er behandelt werden will

- Am liebsten wie ein Herrscher. Doch tun Sie ihm diesen Gefallen nicht.
- Achten Sie sein Prestige, seine berechtigten Anliegen. Machen Sie ihm aber klar, daß Sie, Ihre Firma, die Dienststelle oder das Amt eigene Kompetenzbereiche und Pflichten haben, die zu beachten sind.

# Die Emanzipierte

Neu unter den „Männern" ist die emanzipierte Frau. Ihre *Selbstverwirklichung* findet nicht mehr im „lebendigen Widerhall ihres Seins und Daseins füreinander oder im Leben anderer" statt, wie das noch Philipp Lersch fand, sondern in einem Objekt. Das kann eine *eigenständige Aufgabe* sein, eine bestimmte Leistung oder ein eigenes Werk. Gemeint ist wohlgemerkt nicht die „Emanze", dieses karikaturhafte Gegenstück zum „Macho", sondern die „Befreite", die emanzipierte Frau.

Die Emanzipation als Befreiung aus einem Zustand der Abhängigkeit oder Einschränkung der persönlichen Entfaltung geht unangefochten ihren Weg; die emanzipatorischen Bestrebungen sind voll im Gang. Die Frau macht sich selbständig, befreit sich aus Abhängigkeiten, ist daraus eigentlich längst entlassen. Mehr noch, sie ist emanzipiert, d. h. selbständig und vorurteilslos.

Das *Erleben* ist bei der emanzipierten Frau wie beim Mann: *Ich bin ich, und mein Tun ist ein Zeichen der Individuation,* d. h. ich selbst handle, ohne die Anleitung oder Fürsorge eines Mannes. Das Fürsich-sein, das Erleben der Abgetrenntheit von der Familie und denen daheim, kennt sie nun selbst, und sie versteht es „wie der Mann", zwischen der weiblich-subjektiven und männlich-objektiven Auffassung zu unterscheiden und sich geschickt in der letzteren zu zeigen.

Die emanzipierte Frau gleicht den Rollenunterschied „Mann" und „Frau" aus, indem sie ihn nicht mehr zur Kenntnis nimmt. Dabei lehnt sie den kleinen Vorzug, den es bedeutet, (auch) eine Frau zu sein, meist nicht ab. Im übrigen verhält sie sich wie selbstverständlich gleichberechtigt. Da sie im Betrieb an traditionelle Schranken stößt, macht sie ihre eigenen auf. – Zu betonen ist das nach Unabhängigkeit strebende Wesen, nicht dieser oder jener – männlich oder weiblich – anmutende Wesenszug. *Das bedingt* in der Führung

*Achtung der Selbständigkeit und Eigenverantwortung.* Im Verkaufs-prozeß darf man sich von ihr getrost führen lassen. Sie erreicht, was sie will.

## Kurzfassung

- Selbständig im Denken und Handeln.
- Betont „gleichberechtigt", wiewohl sie gern den Mann dominiert.
- Lehnt Rolle des „Heimchens" ab, schafft Eigenes.
- Geht mit dem Trend – meist vorne weg.
- Kämpferisch und klug.

## Ihr Gesprächsverhalten

- Forderndes Auftreten, meist mit lauter, voluminöser Stimme.
- Wischt den Unterschied Mann – Frau beiseite.
- Bei ihrem Engagement zieht sie alle Register.

## Worauf es ihr ankommt

- Achtung, Beachtung und Dominanz.
- Selbstbehauptung sowohl in der Gesellschaft als auch als Fachfrau oder Unternehmerin.
- Oft nimmt sie sich zuviel vor oder will alles auf einmal erreichen.

## Wie sie behandelt werden will

- Achten Sie ihre Selbständigkeit und Eigenverantwortung.
- Seien Sie sachlich-konstruktiv.
- Sie schätzt kooperatives Verhalten.
- Wenn sie das Richtige will, können Sie sich auch von ihr führen lassen.
- Sie dürfen sich von ihr beeindruckt zeigen, verzichten Sie aber darauf, „charmant" zu sein.

# Der Manager

Aufgabe des Managers ist es, Ziele festzulegen, Mittel und Arbeitspotential wirtschaftlich optimal einzusetzen, sich durch Befreiung vom Detail auf die eigentlichen Führungsaufgaben zu konzentrieren. Der Manager ist in seinem Temperament, wenn er Pläne aufstellt, Verfahrensordnungen festlegt, Ergebnisse kontrolliert, Abweichungen und die dafür verantwortlichen Gründe erkennen, die Ursachen bewerten, korrigierende Aktionen einleiten, Dienstaufsicht und Kontrolle ausüben kann. *Er ist ein Planer und Macher.*

Er soll die Unternehmenspolitik wirksam umsetzen, Kosten, vor allem Verwaltungskosten, reduzieren, Leistung und Erträge steigern, die Zusammenarbeit und das Betriebsklima verbessern. Er soll ein guter Organisator sein und stets zum richtigen Zeitpunkt die richtige Aktion auslösen. *Er soll ... er muß ... er will ... Er hängt voll im Geschirr.* Und er hat das gern. Denn nur, wenn er Erfolg hat, bleibt er auch Manager.

Das Leitbild des Managers scheint aus der Managementlehre entlehnt. Ein Manager ist nicht an seiner Persönlichkeit zu messen, sondern an dem, was er tut, d. h. daran, ob er in jeder Situation das Notwendige und Zweckmäßige tut. Daß er dabei Methoden des wissenschaftlichen Managements anwendet, ist selbstverständlich Voraussetzung. Eine definierbare „Führungspersönlichkeit" hat er nicht, er ist ganz „Funktion", *ein Funktionierer im System.* Man möchte meinen, daß eine damit verbundene Entpersönlichung abschrecken sollte, Manager zu werden oder zu sein. Es gibt jedoch zunehmend *Menschen, die im Management aufgehen und dabei volle persönliche Befriedigung finden.* Sie sind davon überzeugt, daß es gar nicht anders geht. Ihre Werthaltung stimmt mit dem, was ein Manager ist, was er tut und woran er gemessen wird, vollkommen überein.

Das Geheimnis des erfolgreichen Managers ist, daß seine Motivation, eine sehr starke und differenzierte Motivation, sozusagen von allein für Antrieb, Aktivität, Einsatz und Bedürfnisbefriedigung sorgt.

Manager muß man nehmen, wie sie sind. *Je mehr man sich ihnen in Gedanken und Emotionen nähert, desto schneller wird man ihr Partner.*

## Kurzfassung

■ Er ist kein stiller Platzhalter, sondern ein Planer und Macher, sozusagen identisch mit seiner Aufgabe, die er trotz allen Wechsels von Lust und Unlust, Erfolg und Mißerfolg aktiv und stark motiviert betreibt.

## Sein Gesprächsverhalten

■ Offen, aktiv, konzentriert, auf Wesentliches und Brauchbares aus.
■ Zeit ist Geld.
■ Meist ist er Gesprächsführer und Entscheider.

## Worauf es ihm ankommt

■ Zwar steht die sachliche Aufgabe im Vordergrund. Sein Einsatz für diese läßt aber starke Motivation erkennen: Leistungsstreben, Ehrgeiz, Selbstbehauptung, Macht und Selbstverwirklichung.
■ Jede Aufgabe, jede Situation erklärt sich aus diesem Hintergrund.

## Wie er behandelt werden will

■ Nach einem kurzen Höflichkeitszeremoniell sollten Sie bald zum Thema kommen.
■ Zum Kernpunkt führende Informationen dürfen Sie vorwegnehmen.
■ In der Sache präzise, in der Anwendung betriebsbezogen argumentieren.
■ Sie sollten sich von seinem Schwung anstecken lassen.

# 8. Komplizierte, kompensierende und individualistische Typen

Diese Gruppe umfaßt insbesondere die sogenannten oder so erlebten „schwierigen" Kunden. Das Problem ist deren seelische Unausgeglichenheit. Es sind komplizierte, individualistische oder ichbezogene Menschen, die sich in den jeweiligen Rahmen nur schwer fügen oder diesen zu beherrschen trachten. Selbstbehauptung ist ihnen ein ständiges Bedürfnis. Aufgrund des komplizierten seelischen Kräftespiels gelingt ihnen dies nur durch besondere Anstrengung. Wollen und Können fallen auseinander.

# Der Außenseiter

Es gibt ihn in mancherlei Form. Typisch aber ist, daß er außerhalb der Gruppe steht. Er ist ganz auf *Rückzug eingestellt* und glaubt, weder durch fremde Hilfe noch durch Selbsthilfe zur Erfüllung seiner Wünsche zu gelangen.

*Seine Versuche, sich durchzusetzen, scheitern* an seinen körperlichen oder geistigen Unzulänglichkeiten, die echt oder eingebildet sein mögen, und an seiner geringen Willenskraft.

Er ist *in sich verhärtet.* Ihm bleibt, wie er glaubt, nichts anderes übrig, als zu verzichten. Wenn er allen Wünschen von Grund auf entsagt, kann er keine Enttäuschung erleben und trotz innerer Armut glücklich sein.

Anderen gilt er daher als unbeholfen, dickfellig, faul oder dumm. *Hinter seiner Maske von Uninteressiertheit* oder Stumpfsinn *verbirgt sich* jedoch *Reizbarkeit* und *Empfindlichkeit*, ein äußerst sensibler Kern. Er kann „leiden" und sich trösten: Ich bin einer, dem keiner kann. Meist hält er durch, bis anderen die Mittel versagen, und bleibt Sieger. Sein Durchhaltevermögen und seine Leidensfähigkeit sind hoch.

Der Außenseiter *steht nahe beim Einzelgänger*, ist es aber eigentlich nicht, es sei denn, daß er zu den seltenen Exemplaren der vollends verhärteten Menschen gehört. *Er ist ansprechbar, auch wenn er sich schnell wieder in sich zurückzieht,* weil er nicht daran glaubt, daß man es wirklich gut mit ihm meint. Seine Selbstachtung ist von spröder Art, sein Selbstvertrauen ist zu schwach. So kann *kein gesundes Selbstwertgefühl* aufkommen. Was er braucht, ist Anerkennung und Wertschätzung durch einen Menschen.

Der Weg zu ihm führt über das Vertrauen. Der Vorgesetzte kann es ihm geben. Gelingt es ihm, auch den Menschen zu schätzen, sind auch seine Reaktionen positiv. Das gilt insbesondere auch für den Verkäufer.

## Kurzfassung

- Er steht allein, ein „Mauerblümchen" mit seelischen Schwierigkeiten.
- Ichbezogen, geht eigene Wege, vertraut fremder Hilfe nicht.
- Ist unbeholfen und durchsetzungsschwach.
- Aus innerer Unsicherheit resultiert seine Empfindlichkeit.

## Sein Gesprächsverhalten

- Nimmt selten von sich aus das Gespräch auf.
- Spricht kompliziert.
- „Angst vor der eigenen Courage", verzichtet schnell.
- Spricht mehr in Andeutungen als in konkreten Äußerungen.

## Worauf es ihm ankommt

- Verständnis und Vertrauen.
- Will das Gefühl haben, daß man es gut mit ihm meint und auch dem „Mauerblümchen" eine Chance gibt.

## Wie er behandelt werden will

- Eigentlich hat er einen sensiblen Kern. Daher bei Meinungsverschiedenheiten: seine Verärgerung oder sein Schuldgefühl wohlwollend überbrücken. Er will ermutigt werden.

# Der Ängstliche

*„Angst* hat jeder", aber die Frage ist: Wieviel? *Beim Ängstlichen* ist es das *Hauptmerkmal.* Das bange Gefühl, „es könnte gleich passieren", und die Furcht vor bestimmten Ereignissen erhöhen bei ihm den Puls und die Atemfrequenz. Es kommt zu erhöhtem Blutdruck, Schwitzen der Handfläche, Erweiterung der Pupillen. – Angst als Affekt oder Gestimmtheit hat bei ihm ihre Ursache in der wirklichen oder vermeintlichen Gefährdung des Lebens. Man stelle sich ein Erleben sich verändernder Mischungen von Ungewißheit, Erregung und Furcht vor. Das ist im „Angstfalle" seine innere Gestimmtheit.

Bei näherem Hinsehen merkt man die *geringe emotionale Stabilität,* die *Schüchternheit* und *Beklemmung.* Die leiblich-seelischen Lebensbedingungen sind wenig kraftvoll, die Belastbarkeit ist gering.

Unausgetragene Konflikte und daher rührende Schuldneigung führen bei ihm leicht zu Mißtrauen, innerer Unruhe, Mißempfindungen und Herzklopfen. Die allgemeine *nervöse Spannung* ist dann hoch.

Ein Ängstlicher will eingebettet sein in ein festes Reglement. Er *sucht Schutz und Geborgenheit* in der Gruppe. Daß solche Menschen ein schwaches aktives Kontaktstreben entwickeln und meist auch nur eine geringe Selbstkontrolle besitzen, ist ein weiteres Handicap. Da die Angst unabhängig von Wissen und Können ist, sollte der Einsatz dort erfolgen, wo die Anforderungen des Umfeldes gering sind.

*Ängstliche lassen sich gern führen,* als Mitarbeiter ebenso wie als Kunde.

## Kurzfassung

- Er ist ängstlicher als andere, schüchtern und emotional nicht stabil.
- Der ängstliche Mensch sucht Schutz und Sicherheit.
- Ungewißheit, Erregung und Furcht können ihn beuteln.

## Sein Gesprächsverhalten

- Tut sich schwer in der Kontaktaufnahme.
- Ängstlicher Tonfall.
- Innere Unruhe und Nervosität sind spürbar.
- Fragt nach der sicheren Lösung seines Problems.

## Worauf es ihm ankommt

- Man möge sich seiner und seines Problems annehmen.
- Bei geringer Belastbarkeit kann er Konflikte nicht verkraften, sucht daher bei Ihnen Schutz und Geborgenheit.
- Erwartet Klarheit und feste Regeln, die ihm Sicherheit geben.

## Wie er behandelt werden will

- Er braucht Mut und Ihre Unterstützung.
- Als Ängstlicher läßt er sich gern von Ihnen führen.
- Bei Meinungsverschiedenheiten oder Kritik wird er hilflos.
- Da er sich sachlich nicht verteidigen kann, greift er schon mal aus Angst an.
- Beruhigen, beschwichtigen, zeigen, wie es weitergehen kann.

# Der Feinfühlige (Sensible)

*Empfindsamkeit und* die *leichte Ansprechbarkeit des Gefühls* sind die hervorstechendsten Merkmale. Feinbesaitete Menschen wirken besonders zart und empfindlich. – Für Außeneinflüsse ist der Feinfühlige in hohem Maße ansprechbar. Während robustere und härtere Menschen noch „gar nichts" empfinden, reagiert er bereits sensibel wie ein Seismograph bei stärkerem Beben.

Empfindsamkeit, nicht Empfindlichkeit, ist seine hervortretende Eigenschaft. Da er oft von überempfindlicher Eindrucksfähigkeit für Erlebnisreize ist, ist sein Wohlbefinden leicht zu beeinträchtigen. Bei starker Gefühlsansprechbarkeit gestaltet sich bei ihm die sachlich-nüchterne Beherrschung der Situation schwierig.

*Manchmal* trifft man bei diesem Typ auf *mimosenhafte Empfindlichkeit.* Das ist aber kein fester Bestandteil des Charakters. Feinfühligkeit ist vielmehr ein komplexes Phänomen. In ihr vereinigen sich Phantasie und Träumerei mit Sentimentalität und *Weichheit, Zartheit* des Empfindens mit dem fordernden und ungeduldigen Wesen eines Kindes. Aber auch hohe Sensibilität für Musik, Kunst, Lyrik oder die Wahrnehmung feiner Nuancen gehören dazu.

Beim reifen Menschen werden die sensiblen Vorgänge in der Psyche als reiche Quelle des Erlebens bewußt auf die Verstandesebene gelenkt und dort zu subtilen Gedanken verarbeitet.

*Sensible brauchen eine schützende Umgebung,* gutes Klima und eine einfühlsame Führung. Dann können sie ihre besonderen Fähigkeiten auf einem adäquaten Arbeitsgebiet voll entfalten. Sensible Kunden brauchen sensible Berater und einfühlsame Verkäufer.

## Kurzfassung

- Der feinfühlige oder sensible Mensch, zart und empfindlich, ist leicht zu beeindrucken.
- Sein Wohlbefinden kann schon durch Kleinigkeiten beeinträchtigt werden.

## Sein Gesprächsverhalten

- Feine, zarte Stimme, meist hohe Tonlage. Sensibel auf Vorgänge und Begleitumstände eingehend, erscheint bei ihm vieles durch die Lupe vergrößert und dramatisiert.

## Worauf es ihm ankommt

- Der Gesprächspartner möge seine Empfindsamkeit teilen und die Dinge so sehen, wie er sie empfindet, ihn dabei ernst nehmen und schützen.

## Wie er behandelt werden will

- Einfühlsam, in Ton und Stimme zurückhaltend.
- Da er sensibel wie ein Seismograph auf alles reagiert, sollten Sie heikle Wörter vermeiden.
- Bei Meinungsverschiedenheiten helfen sachliche Klärung und Vernunft.

# Der Individualist

Er wird *auch* als *Einzelgänger*, Einspänner, Einsiedler oder Sonderling bezeichnet. Er ist besonders geartet, „einmalig" und übt gegenüber der Gemeinschaft betonte Zurückhaltung. *Von allgemein gültigen Normen hält er nicht viel.* Was alle tun, tut er erst recht nicht. Demonstrativ entfaltet er von kollektiven Normen unabhängige Verhaltensweisen. *Die Vertretung der eigenen Interessen steht im Vordergrund.* Gruppen, Firma, Institutionen und der Staat sind nur Mittel zu seiner Entfaltung.

Der Individualist vertritt eine den Einzelmenschen hervorhebende Auffassung, die *Überordnung des einzelnen über die Gemeinschaft.* Wer kann auf Dauer mit der Neigung des Individualisten, nur dem Individuum eigentlich Wirklichkeit zuzuschreiben, leben? Denn wo das Individuum Grundlage aller Werte, ja die alleinige Quelle der Erscheinungen des gesellschaftlichen Lebens ist, hört das Miteinander auf. Der Individualist wird zum Sonderling.

Es gibt viele – durchaus wertvolle – Menschen, deren *Einstellungen im Widerspruch zu den bürokratischen Ansprüchen* stehen, die ein Unternehmen stellt. Ansprüche auf Loyalität, Einhaltung von Vorschriften, Anpassungsbereitschaft, insgesamt also Ein- und Unterordnung müssen wohl bis zu einem gewissen Grade sein. Aber ichbezogen, empfindsam und schöpferisch im Erfinden eigener „Rechtspositionen", wie der Individualist ist, *erwartet* er eine den betrieblichen Alltag bei weitem *übersteigende Anerkennung seiner Person.*

Den Kern solcher Verhaltens- und Reaktionsweisen bildet eine unabhängige, selbstherrliche Beschäftigung mit der eigenen Person. Ereignisse und Maßnahmen von Firmenleitungen, vorgesetzten Stellen und Verkaufspersonal werden stets mit Bezug auf die eigene Person beurteilt. *In seiner Ichbezogenheit will er ernst genommen* und bestätigt werden. Sie können dies gefahrlos tun, denn dann akzeptiert er auch Ihren Vorschlag oder Rat. Bei Meinungsverschiedenheiten soll man daran denken, daß „er immer recht hat".

## Kurzfassung

- Ich-Mensch, nicht Mit-Mensch, der seine vermeintliche Unabhängigkeit gewahrt wissen möchte.
- Überbetonung des eigenen Ich, das Übliche und allgemein Gültige interessiert ihn nicht.
- Nimmt alles persönlich.

## Sein Gesprächsverhalten

- Pointiert; das Wörtchen „Ich" kommt häufig vor.
- Ereignisse und Maßnahmen beurteilt er stets mit Bezug auf die eigene Person.
- Die Vertretung der eigenen Interessen steht im Vordergrund.

## Worauf es ihm ankommt

- Auf seinen Standpunkt und seine Person, die er über die Gemeinschaft hinaushebt.
- Er will keine Nummer sein, irgendwo in Listen eingeordnet werden.
- Vorschriften interessieren ihn nicht.

## Wie er behandelt werden will

- In seiner überbetonten Ichbezogenheit will er ernst genommen und bestätigt werden. Sie können dies gefahrlos tun, denn dann akzeptiert er auch Ihren Vorschlag oder Rat.
- Bei Meinungsverschiedenheiten sollten Sie daran denken, daß „er immer recht hat".

# Der Problematische

Im Betrieb zählt er zu den „schwierigen" Mitarbeitern, als Kunde ist er gefürchtet. *Hervorstechendes Merkmal ist seine Egozentrik.*

Was Ein- und Unterordnung anbelangt, tut er widerwillig nur das Notwendige. Er will aber auch nicht vorankommen und schon gar nicht herrschen. Denn „dann muß du dich auch unterordnen, anpassen und konform gehen", sagt er. *Die „Anpasser" und „Aufsteiger" beäugt er mit Skepsis,* nennt sie „Radfahrer".

Andererseits kann man von ihm nicht sagen, daß er in seiner Arbeit nur einen Job sieht. Er möchte schon gerne mehr tun, als unbedingt notwendig ist, um seinen Arbeitsplatz zu erhalten, aber nicht auf Kosten einer seinem Wertgefühl widersprechenden Verhaltensweise. *Er ist gegen den organisierten und rationell gesteuerten Betrieb:* „Da ist man nur eine Nummer", „alles wird bürokratisch gehandhabt", „starre Regeln für Kompetenzen", „Begrenzung der Entfaltungsmöglichkeiten des Individuums" usw.

*Dem, was allgemein als gültig anerkannt wird, steht er skeptisch gegenüber.* Er mokiert sich über all diejenigen, die bestätigt werden wollen, indem sie die Vorschriften erfüllen, pünktlich, fleißig und arbeitsam sind, um so vielleicht voranzukommen. *Er respektiert* auch keine Autorität – *nur die Leistung und den individuellen Erfolg.*

Zwischen dem Ziel und Streben, sich selbst zu verwirklichen, und der Abneigung gegen alles, was Vorschrift, Bürokratie und Zwang zur Einordnung ist, schwankt er hin und her (Ambivalenz).

Die Egozentrik, einer seiner Wesenszüge, ist durch die geänderten Erziehungsziele und -methoden gewollt oder ungewollt gefördert worden. Nun haben wir ihn, den *unangepaßten Typus, der nicht ein- und untergeordnet werden will,* dem Bürokratie gegen den Strich geht, sein Wertgefühl beleidigt und ihn in seinem Selbstwertgefühl frustriert.

> Er ist nicht arbeitsscheu, will schon etwas leisten und durchaus auch persönlichen Erfolg haben, doch Menschenwürde schätzt er höher.

## Kurzfassung

- Er erscheint anderen kompliziert angelegt und daher problematisch.
- Er steht sich aber auch selbst im Weg, weil er es schwer hat, nur nach seinen Idealen zu leben und dennoch im betrieblichen Erfolgsstreben mithalten zu wollen.

## Sein Gesprächsverhalten

- Fremden gegenüber äußert er seine Meinung nur zögernd.
- Fühlt er sich verstanden, prüft er einen Vorschlag sorgfältig. Dabei fragt er nach dem Sinn oder Wert. Gegebenenfalls nimmt er auch Herausforderungen an.
- Auf Kritik und Meinungsverschiedenheiten reagiert er skeptisch und reserviert.

## Worauf es ihm ankommt

- Beachtung und Achtung seiner Persönlichkeit. Unabhängig von der Position, die er innehat, möchte er er selbst sein und sich als Individuum verwirklichen.

## Wie er behandelt werden will

- Keine Routine, sondern persönliche Behandlung.
- Das Besondere in seinem Auftreten und Verhalten für richtig befinden.
- In Richtung seiner Egozentrik argumentieren, das, was er will, bestärken.
- Halten Sie organisatorische und bürokratische Anforderungen von ihm fern.

# Der Geltungsbedürftige

*Geltungsdrang* oder gar *Geltungssucht* ist eine meist als unangenehm empfundene Eigenschaft eines anderen. Wer selbst geltungsbedürftig ist, merkt es nicht, sieht es nicht so oder benennt es anders: zum Beispiel Ehrgeiz oder Strebsamkeit.

Wer geltungsbedürftig ist, stellt sich gern in den Vordergrund, zeigt wer oder was er ist. Er beansprucht eben Geltung. *Sein Auftreten kann geschickt getarnt sein,* jedenfalls stellt er die eigene Person so hin, daß sie als etwas Besonderes erscheint. Es geht ihm um Geltung, *Ansehen, Einfluß, Durchsetzung.* Er kann liebenswürdig, prahlerisch oder hart fordernd sein.

In Geltung sein, „in" sein, von Bedeutung sein, Gewicht haben, – das ist es, was ihn antreibt. *Angesehen zu werden ist sein Ziel.* Der innere Antrieb dazu ist offenbar zu stark, um sich dabei noch einer korrekten, ruhig-gleichmäßigen Verhaltensweise zu befleißigen. Er *hungert nach Bestätigung.* Um sie zu erlangen, setzt er alle ihm zur Verfügung stehenden Mittel ein, *auch Leistung.* Der positive Geltungsbedürftige brilliert nämlich gern durch seine besondere Leistung.

Es sind *Minderwertigkeits- oder Unzulänglichkeitsgefühle,* die er auf diese Weise zu überwinden sucht. Unbefriedigter Geltungsanspruch verstärkt das Streben nach Anerkennung und Geltung, befriedigter mildert es. Der Geltungsbedürftige reagiert empfindlich auf wirkliche oder vermeintliche Kritik. An passender Stelle zahlt er es demjenigen heim, der ihn scheinbar erniedrigen oder kränken wollte. *Den Frontalangriff wagt er* jedoch *selten.*

Wie sollte man ihm begegnen? Die Einordnung ist schwierig. Irgendwie ragt sein Bild aus dem ihm zustehenden Rahmen. Die mitmenschlichen *Beziehungen in der Gruppe sind beunruhigend und gespannt.* Gelegentlich kommt es auch zu Entladungen. Belehrungen und Ermahnung helfen nicht. Leichter ist es, die Position herauszufinden, die er als Auszeichnung empfindet, das Beleuchten der eigenen Sonne, die die anderen in den Schatten stellen soll. Das will er. Er *ist der Maßstab für andere.* So sehr er die anderen braucht, schaut er eigentlich auf sie herab.

## Kurzfassung

- Er stellt sich in den Vordergrund, sucht Beachtung und Bestätigung.
- Um Minderwertigkeitsgefühle zu kompensieren, sucht er ständig nach Geltung.
- Will andere in seinen Schatten stellen.

## Sein Gesprächsverhalten

- Aufmerksamkeit heischend, scheinbar korrekt und ruhig, jedoch forciert sicheres Auftreten.
- Wählt gern eine aggressive Argumentation: „Das weiß ich besser!"
- Spielt seine persönliche oder soziale Geltung aus.

## Worauf es ihm ankommt

- Er will eine „wichtige Person" sein und ist auf Anerkennung aus. Dabei geht es ihm weniger um die Sache als um seine Person.

## Wie er behandelt werden will

- Schonend, achtend und beachtend.
- Da er Kritik nicht vertragen kann, sollte er stets recht behalten, wo er recht hat. Seinen Mangel an Einsicht sollten Sie überhören, ebenso seinen gelegentlichen Mangel an Sorgfalt und Verantwortungsbewußtsein.
- Achtung: Meiden Sie alles, was sein Minderwertigkeitsgefühl berühren könnte!

# Der Statusbewußte

*Wer bin ich?* Was bin ich geworden? Das sind für den Statusbewußten zwei wichtige Fragen. Als Status-Indikatoren dienen *Beruf, Ausbildungsniveau* und *Einkommen,* aber erst die Statussymbole, die eine soziale Schichtung entlang einer „höher"-„tiefer"-Linie markieren, machen ihn zu dem, als was er uns erscheint.

Wer er ist, macht er bei der ersten sich bietenden Gelegenheit deutlich. Er kann aber auch abwarten, bis die Gelegenheit dazu für ihn günstig ist. *Die anderen sollen seinen Status,* der mit Rechten (sicher auch Pflichten), Machtbefugnissen und Prestige verbunden ist, *kennen und anerkennen.* Der Vergleich mit anderen in einem bestimmten sozialen System (da und da bin ich der und der), das Aufsteigen in der Hierarchie, die erlangte hierarchische Position, das Sichmessen mit anderen Vergleichbaren sind seine Antriebskräfte. Dabei kann er ganze Ebenen, die „unter ihm" sind, vollkommen vernachlässigen oder negieren. Mit „Geringeren" will er sich nicht messen. Mit „Höheren" steht er in Buhlschaft oder im negativen Vergleich („der hat eine ganze Menge Schwächen"). Glaubt er, daß ihm ein Höherer helfen kann, an Position oder Prestige zu gewinnen, wird dieser umschmeichelt.

*Wettbewerb und Konkurrenz bestimmen sein Denken und Verhalten.* Die Zielrichtung ist klar: Der andere darf mich nicht aus der Position drängen oder gar überholen. – Da für beides neben dem Geschick der Manipulation auch Leistung Voraussetzung ist, läßt er sich in letzterer Beziehung nichts vorwerfen: Er erfüllt nicht nur seine Aufgabe „vorbildlich", er weiß auch stets um die Ziele und Wünsche bzw. Taktiken anderer und natürlich der Vorgesetzten Bescheid. *Ihm zu helfen, seinen Status zu zeigen* und, wenn möglich, Schritte zu empfehlen, die nach oben führen, *stimmen ihn positiv.* Beim Kunden wird man das mit der notwendigen Einfühlung tun.

## Kurzfassung

- Position, Rang und Status sind ihm das Wichtigste. („Wissen Sie nicht, wer ich bin?!")
- Er ist auch ein meisterhafter Taktiker.

## Sein Gesprächsverhalten

- Bedeutungsvoll, förmlich, geziert.
- Gibt seine Position zu erkennen.
- Von da aus erhalten auch Sachen ihre Bedeutung.
- Er ist geschickt im Formulieren und Taktieren.

## Worauf es ihm ankommt

- Oben sein, oben bleiben, seine Stellung halten.
- Erwartet Respekt gegenüber seiner Position.
- Läßt sich auf Vergleiche mit anderen in ähnlicher Lage nicht ein.
- Erwartet „Sonderbehandlung".

## Wie er behandelt werden will

- Höflich, aufmerksam und entgegenkommend. Position, Rang und Rolle in zurückhaltender Art respektieren.
- Sagen Sie ihm vorbildliche Aufgabenerledigung zu, und umgehen Sie jeden Meinungsstreit.
- Da er meint, in allem vorbildlich zu sein, kann also nur beim anderen etwas nicht in Ordnung sein.
- Stellen Sie Ihre Position eindeutig dar, und argumentieren Sie entsprechend.

# Der Darstellungsbedürftige

Er ist zu unterscheiden vom Geltungsbedürftigen und dem Statusbewußten. Er ist auch wieder anders als der Star. *Die darstellerische Geste ist das Hauptmerkmal.* Es fällt ihm als extrovertiertem Menschen leicht, das durch Gesten und mimischen Ausdruck zu unterstreichen, was er sagt bzw. meint. Er ähnelt darin dem Südländer, wenn er uns vorführt, was sich durch Gesten und Gebärden alles andeuten oder dramatisieren läßt. *Er verhält sich bewußt expressiv, weil er von seiner Persönlichkeit alles auch zur Schau stellen möchte.* Er ist ein guter Rhetoriker. Bei starker Ausprägung des Typus schwingt in der Selbstdarstellung die Gesamtheit der Erlebnisinhalte mit, welche die eigene Person zum Gegenstand hat. Motive, die auf die eigene Person gerichtet sind, wie *Eigenliebe*, aber auch *Streben nach Ansehen und Einfluß,* werden hinter dem (ernstgemeinten) vordergründigen Schauspiel sichtbar. Man nimmt sie ihm aber nicht übel, weil er sein Umfeld an Gedanken und Gefühlen teilhaben läßt und recht unterhaltsam ist.

Der „Wert" der Persönlichkeit wird von seinen Zuschauern und Bewunderern weniger hoch eingestuft. Es fehlt ihm nicht an Glaubwürdigkeit, sondern an geistig-seelischem Tiefgang.

Selbstdarstellung, d. h. das Bedürfnis, auf sich aufmerksam zu machen, ist weit verbreitet. Nur: Der Darstellungsbedürftige übertreibt es – und stößt damit andere, die darin zurückhaltender sind, vor den Kopf. Für sozial angepaßte Menschen gehört es sich nicht, sich in Positur zu werfen und seine Persönlichkeit sozusagen zur Schau zu stellen. Der Darstellungsbedürftige aber tut es.

Antrieb seines Verhaltens sind das Ich-Bedürfnis und die Eigenliebe. *Durch seinen Auftritt, das klare und deutliche Sprechen, die begleitenden Gesten und eventuell auffällige Formulierungen will er auf sich aufmerksam machen.* Er braucht offensichtlich die besondere Beachtung seiner Person – und Ansehen. Da dies alles so eindeutig ist, sollte der Verkäufer spontan darauf eingehen.

## Kurzfassung

- Ein Schauspieler, der das Leben gern zur Bühne macht.
- Guter Rhetoriker und Unterhalter.
- Braucht die besondere Beachtung seiner Person.
- Gutartig, verspricht mehr, als er hält.

## Sein Gesprächsverhalten

- Deutliches, klares Sprechen, das sich nuancenreich steigern kann.
- Bei Meinungsverschiedenheiten oder Kritik fühlt er sich persönlich betroffen.
- Wird er angegriffen, nimmt seine Argumentation dramatische Formen an.

## Worauf es ihm ankommt

- Die Wirkung des Auftritts ist wichtig. Andere sollen beeindruckt werden.
- Es geht ihm um Ansehen und die besondere Beachtung seiner Person.

## Wie er behandelt werden will

- Sie sollten offen auf ihn zugehen.
- Von seiner Selbstdarstellung dürfen Sie sich beeindruckt zeigen.
- Die vorgebrachten sachlichen Argumente werden seine Entscheidungen erleichtern. Am Schluß: freundlicher, achtungsvoller Abschied.

## Der Narziß

In gewisser Weise haftet jedem Individuum ein wenig Narzißmus oder Selbstliebe an. Auch wenn der echte Narziß in der Regel ein anderes Individuum als Liebesobjekt auswählt, macht er sich zumindest zeitweise selbst zum Liebesobjekt. *Er ist ein Selbstbewunderer.* Das kann so weit gehen, daß er in sein Bild verliebt ist. Wir erkennen ihn an der *Neigung, auf seine körperlichen Attribute oder Taten unverhältnismäßig viel Wert zu legen.*

Unabhängig von den Anforderungen seiner Tätigkeit oder der gehobenen Position stellt er sich „selbstverliebt" in den Mittelpunkt. *Seine „Waffen" sind Liebenswürdigkeit, Freundlichkeit und Kontaktbereitschaft.* Der Narziß ist aber verliebt in die eigene Person. Die Liebe, die er anderen Menschen scheinbar entgegenbringt, soll bewirken, daß man ihn für einen freundlichen Menschen hält und entsprechend entgegenkommend behandelt.

Der Schein spielt eine größere Rolle als das Sein. Hinter der gelegentlich forschen und draufgängerischen Fassade versteckt sich ein Mensch voller Unsicherheit und Infantilität. Es ist das „Kind im Manne", das selbstbezogen der Triebäußerung und der Triebbefriedigung frönt.

*Soziale Entwertungsangst und innere Verletzbarkeit sind treibende Kräfte,* um Wohlwollen und Zuneigung zu erlangen. Im Überschwang seines Wesens und seines Bedürfnisses nach Liebe, die immer selbstbezogen ist, ergibt sich der Typ des Don Juan. Im „Don Juanismus" drücken sich gleichermaßen *überkompensierte Minderwertigkeit und emotionale Bindungsunfähigkeit* aus.

Entsprechend seinem Wesen ist er im Kontaktbereich zum wechselnden Publikum besser eingesetzt als in der festgefügten Gruppe.

*Wir finden ihn aber mehr und mehr auch im Management.* Einige seiner Eigenschaften führen ihn in bürokratischen Organisationen zum Erfolg. Dazu gehören seine Fähigkeit, persönlichen Eindruck zu machen, und die Feinheiten seiner Selbstdarstellung. Denn *oft* zählt in gewissen Positionen Leistung weniger als eine *auffällige Präsenz, Image, Schwung* und ähnliches. Hinter mancher „charismatischen" Persönlichkeit verbirgt sich schlichter Narzißmus. Auf der Suche nach Augenblicksintimität, die bei seinen ersten Begegnungen mit Menschen aktiviert ist, kann der einfühlsame Verkäufer ihm schnell näherkommen.

## Kurzfassung

- Verliebt in das eigene Selbst.
- Weiß nicht, wieviel Anerkennung und Liebe er von anderen erwartet.
- Bespiegelt sich, gibt sich selbst Streicheleinheiten, braucht noch mehr von anderen.

## Sein Gesprächsverhalten

- Sein Ego steht im Mittelpunkt, wichtig, einmalig und schützenswert.
- Man möge ihm doch den lieben Gefallen tun und ihm das geben, was er braucht.

## Worauf es ihm ankommt

- Achtung und Beachtung.
- Liebedienerei ihm gegenüber. „Streicheleinheiten".

## Wie er behandelt werden will

- Gehen Sie auf seinen Ton ein, versuchen Sie mitzufühlen. Auf der emotionalen Ebene ist er besser zu greifen als auf der rationalen.
- Meinungsverschiedenheiten sind ihm ein Greuel.
- Kritik kann er erst recht nicht vertragen.

# Der Star

Eitelkeit ist einer seiner hervorstechenden Charakterzüge. Er *möchte bewundert werden.* Beifall ist sein eigentliches Lebenselement. Dazu gehört die Pflege des Scheins und wesensmäßig auch immer Überempfindlichkeit, wenn der Schein mal trügt. *Fühlt er sich in seiner Rolle angetastet, reagiert er mit Angst und Aggression.* Seine Freunde sucht er sich danach aus, ob sie seine Primadonna-Rolle anerkennen. Wer ihn anhimmelt, den liebt er.

Das Leben ist für ihn eine Bühne. Er lebt *ständig in Anspannung, weil er größer, bedeutender, hübscher, klüger oder tüchtiger erscheinen möchte als andere* – und als die Realität ist. Star-Allüren bedingen das Vorhandensein eines entzückten Publikums. Fällt es aus, ist der Star irritiert, bricht innerlich zusammen, aber brilliert gegebenenfalls mit (echten) Ängsten und körperlichen Symptomen. Er ist wirklich „down", aber selbst in dieser Verfassung will er mit seinem Verhalten Beachtung und Aufmerksamkeit erzwingen.

Wie entsteht ein Star? Aus Verwöhnung und übermäßiger Beachtung. Ist erst einmal sein inneres Leitbild entstanden, so sorgt er aktiv und engagiert dafür, daß er die von ihm so sehr benötigte Beachtung und Bewunderung seiner Umwelt bekommt. Übrigens: Nicht jeder Schauspieler ist ein Star, und selbst die gemachten Stars können ganz normale Menschen sein.

Es gibt ihn überall, den „Bewundernswerten". *Der Star-Mensch ist äußerst anspruchsvoll und verlangt die Erfüllung seiner Wünsche.* Er besteht auf Akklamation. Ihm muß man Anerkennung zollen und Liebe entgegenbringen. Dazu sind die Mitmenschen seiner Meinung nach verpflichtet.

Da er sich für einen „wundervollen" Menschen hält, tut er kaum etwas für die Erreichung seiner Ziele. Andere verhelfen ihm dazu, weil er Charme versprüht und gelegentlich mit Gnadengaben nicht geizt. *Solange man seinen Bedürfnissen und Wünschen entgegenkommt, ist er befriedigt und glänzender Laune.* Wird ihm aber die Bewunderung, ohne die er nicht leben kann, versagt, so entzieht er sich oder sucht sich ein anderes Publikum.

## Kurzfassung

- Glaubt, eine ganz besondere beachtenswerte Persönlichkeit zu sein.
- Ein Mensch, der geliebt und bewundert werden möchte.

## Sein Gesprächsverhalten

- Lebendig. Dabei verkauft er sich gut.
- „Sprudelt" vor Begeisterung oder „schluchtzt" vor Enttäuschung.
- Er verlangt die Erfüllung seiner Wünsche. Dabei setzt er seine Beredsamkeit und den meist auch vorhandenen Charme ein.

## Worauf es ihm ankommt

- Solange Sie seinen Bedürfnissen und Wünschen entgegenkommen, ist er glänzender Laune.
- Erwartet, daß Sie ihm Anerkennung zollen.
- Er ist „ein prima Kerl", wie er meint, und sucht dafür Bestätigung.

## Wie er behandelt werden will

- Zuvorkommend, bestätigend. Er möchte in Ihnen seinen Gönner finden.
- Bei Meinungsverschiedenheiten zieht er sich zurück und versucht es bei Ihrem Kollegen oder Vorgesetzten.
- Auch bei der notwendigen Kritik sollte immer ein positives Wort für ihn abfallen.

# Der Autoritäre

Es gibt ihn nicht nur in Gestalt des Vorgesetzten. Viele unserer Mitmenschen sind autoritär. Ihre *Intoleranz* und die allgemein herabsetzende Haltung anderer Menschen gegenüber wirkt oft verletzend. *Sie bevorzugen Positionen der Macht* und Stärke als beste Basis für ihr Wirken.

Autorität heißt Macht und Ansehen zugleich. Der Autoritäre möchte ohne Einschränkungen herrschen. Er *fühlt sich berechtigt,* maßgebend, absolut bestimmend. Daß dem in der Autorität oder Macht Stehenden auch persönliche Autorität zukommen kann, mildert seine Wirkung, schafft aber möglicherweise eine doppelte Überlegenheit: die des Gefürchteten und die des Geachteten. Der Autoritäre ist ein *Anhänger des Konventionalismus,* also politisch-ökonomisch konservativ. *Gegenüber Neuerungen* ist er *intolerant.*

Harte Umweltverhältnisse haben ihn geprägt. Er gehört zu denen, die sich nicht kleinkriegen ließen, sondern selbst nach Autorität und Macht griffen. Er verurteilt Menschen, die die konventionellen Werte verletzen, und entwickelt eine negative Einstellung zu solchen Gruppen, die seinem Denken zuwiderhandeln.

Sein Denken in starren Kategorien, seine Intoleranz Andersdenkenden gegenüber stempeln ihn zum Antidemokraten. In einem kooperativ geführten Betrieb oder gar im Team ist er fehl am Platz. Am besten ist er eingesetzt, wenn das Gegenüber ebenfalls autoritär ist. Den beiden bleibt dann nichts anderes übrig, als einen „Burgfrieden" zu schließen. Ist er Kunde, so kann man ihm dienen. *Seine Autorität achtend, verträgt er sogar berechtigte Kritik.*

Über seine Persönlichkeit wurde schon viel nachgedacht. Daß er Positionen der Macht und Stärke und des Ansehens bevorzugt, mag noch hingehen. Die Tendenz aber, auf Menschen, die veraltete und konventionelle Werte verletzen, besonders zu achten und diese zu bestrafen, geht über das Betriebsübliche und -notwendige hinaus.

Sein starres Anhängen an hergebrachten Normen und Werten läßt ihn als *antidemokratische Persönlichkeit* erscheinen, die keinen Widerspruch duldet.

## Kurzfassung

- Bestimmend, seine Stärke ausspielend.
- Will anweisen und sich durchsetzen.
- Duldet keinen Widerspruch und ist intolerant.

## Sein Gesprächsverhalten

- Direkt fordernd, von oben herab, meist laut, herrschender Ton.
- „Er hat immer recht".

## Worauf es ihm ankommt

- Selbstbehauptung und Durchsetzung.
- Alles muß seine Ordnung haben.
- Seine „Weisungen" sollen prompt durchgeführt werden.

## Wie er behandelt werden will

- Achtung und Beachtung.
- Genaue Auskunft über einen Sachverhalt – möglichst mit „Garantie".
- Sie sollten ihm das Gefühl geben, daß alles „ordnungsgemäß" abgewickelt wird.
- Da er bei Meinungsverschiedenheiten auf Abwehr oder totalen Gegenangriff übergeht, ist es ratsam, auf die Wortwahl zu achten.
- Sie können auch an seinen Gerechtigkeitssinn appellieren.

# Der Radikale

Er geht bis zum Äußersten, ist extrem, *rücksichtslos,* gilt als der Aggressor. Gemeint ist nicht der politische Mensch, sondern der „Ausbrecher" in unserem Arbeitsalltag. Oft ist er natürlich nur scheinbar revolutionär und tut nur so, als ginge er in gesellschaftlich-politischer Richtung bis zum Äußersten. Er spielt den „*Radikalinski".* Er hält sich nicht gern an Regeln, neigt direkt oder indirekt zur Aggression und *möchte,* wo ihm etwas nicht paßt, *am liebsten alles „umkrempeln".* Statt in mühseliger Kleinarbeit sieht er die Chance in der „Totallösung".

Diese *Aggressivität in Einstellung, Auffassungen und Handlungsbereitschaft* führt zur Intoleranz und Rücksichtslosigkeit. Wutanfälle, Kampfhandlungen, *bösartige Argumentation* oder Sarkasmus sind typische Verhaltensweisen. Der Radikale läßt sich von niemandem auf den Arm nehmen und fühlt sich genötigt, es jedem heimzuzahlen, der ihn angreift oder vermeintlich ungerecht behandelt hat. Der traditionellen Haltung der Mehrheit setzt er seine, wie er meint, „Aktivität" und „Progressivität" entgegen. (Manchmal ist sie sogar von Nutzen.) Aggressivität ist oft das charakteristische Merkmal des Dominanzstrebers. Selbst mit hartem Leistungsstreben ist Aggressivität verbunden.

Wieviel Radikale oder vermeintlich Progressive kann sich ein Betrieb leisten? Selbst ein „Krisenmanager" darf sich soviel radikales Durchgreifen nicht erlauben. Als Kunden würden wir ihn herzlich gern verlieren oder an die Konkurrenz abgeben.

Radikalismus entsteht zumeist in der Auseinandersetzung des Kindes mit seiner Umwelt. Der Radikale ist das „aufsässige Kind" im Erwachsenenformat. Erziehung und Ermahnung haben nicht gegriffen. *Sein Gewissen schlägt nicht,* wenn er Vorschriften verletzt. Eher frohlockt er: „Haha, da hab ich Euch wieder ein Schnippchen geschlagen!" Der Vorgesetzte, Partner oder Verkäufer büßt für seinen Vater, der ihn nicht in den Griff bekommen hat.

> Eine wirksame Kontrolle der Aggression erfordert, daß wir jede Belohnung für dieses Verhalten vermeiden. *Gelegentlicher Widerstand ist erforderlich,* manchmal auch Abwehr.

## Kurzfassung

■ Die Brechstange, nicht der Glacéhandschuh ist sein Mittel.

■ Er ist intolerant und rücksichtslos, neigt zur Aggression und hat ein dickes Fell.

■ Als „Radikalinski" zahlt er es jedem heim, der ihn vermeintlich ungerecht behandelt.

## Sein Gesprächsverhalten

■ Direkt, laut und fordernd; gelegentlich ironisch oder sarkastisch, immer auf Ich-Durchsetzung aus.

■ Hält sich nicht an Regeln; möchte am liebsten alles umkrempeln, bekommt Wutanfälle, wenn etwas nicht klappt, und droht gern mit Kampfhandlungen.

## Worauf es ihm ankommt

■ Poltern, um Gehör zu finden, Selbstbehauptung und Durchsetzung, wenn nötig, mit allen zur Verfügung stehenden Mitteln.

## Wie er behandelt werden will

■ Es gibt die drei Möglichkeiten:
  – die zarte Art: um Verständnis bitten;
  – die sachliche Art: Tatbestände klären;
  – die robuste Art: ihm gegen den Karren fahren.

■ Am besten tun Sie so, als blieben Sie von seiner robusten und angreiferischen Art unbeeindruckt.

# Der Cäsar (auch Nero)

Er ist *herrisch, will gefürchtet sein.* Er macht sich die Mitmenschen zum Objekt, um nicht selber von ihnen zum Objekt ihrer Ziele und Absichten zu werden.

Cäsar ist ichhaft. Seine *charakterliche Grundeinstellung ist egoistisch.* In den Menschen sieht er das Mittel zur Erhöhung seiner Geltung und Macht. Er *neigt zu Feindseligkeit und Fanatismus.* Er kämpft selten für, sondern meist gegen etwas.

Viele Menschen, die ihn umgeben, haben im Gegensatz zu ihm eine sachliche, verantwortungsbewußte, mutige Einstellung. Er ist unfrei und kann auch nicht produktiv sein. Wo immer möglich, *enthält* er *sich der Verantwortung.* Eigentlich ist er ein entmutigter Mensch. Was er je erfahren hat – vielleicht war der sogenannte „Verrat der Eltern" schuld – überträgt er „ersatzweise" auf die Mitmenschen. Sein im Grunde erschüttertes Vertrauen ist Ursache seiner Minderwertigkeitsgefühle , die er durch ein überstarkes Geltungsbedürfnis auszugleichen sucht. Er *greift an aus Selbstverteidigung.*

Sein größtes Mißgeschick ist die Einbuße an Überlegenheit und Macht, Schadenfreude ist seine einzige Freude. Ein anderer „Cäsar" – ein ebenso starker Dominator und Machtmensch – möglicherweise mit den Gaben eines Machiavelli, begründet in der Regel seinen Fall. Wo ein Cäsar – ausnahmsweise – benötigt wird, umgebe man ihn mit klugen „Diplomaten".

Beim „Kunden Cäsar" stehen der Eigenwille und der Eigensinn im Vordergrund. Cäsar will herrschen und seine Umwelt in den Griff bekommen.

Cäsar ist das Produkt einer harten und lieblosen Erziehung. Er hat früh gelernt, daß seine Mitmenschen ihm nicht helfen, also muß er sich selbst helfen. Menschen sind dazu seine Werkzeuge. Er nutzt

> sie aus, läßt sie zwar gelten, solange sie ihn anerkennen und ihm dienen, aber er läßt sie fallen, sobald er sie nicht mehr braucht. *Der Freundschaft ist er nicht fähig.*

## Kurzfassung

- Ein Herrscher, egoistisch, über alles erhaben.
- Aber auch ein Könner und Kämpfer, dem Macht alles bedeutet.
- Er kann Furcht einflößen.

## Sein Gesprächsverhalten

- Scheinbar höflich, beginnt er bald zu taktieren.
- Schweigend prüft er seine Machtbasis, dann stellt er harte Forderungen.
- Auch bei Entgegenkommen läßt er sich nicht in die Verantwortung nehmen.
- Bei Meinungsverschiedenheiten ist mit Feindseligkeit zu rechnen.
- Wenn sein Gegenüber recht hat, greift er aus Selbstverteidigung an.

## Worauf es ihm ankommt

- Oben sein, bestimmen, Mitmenschen zu seinen Objekten machen.
- Er kämpft selten für, sondern meist gegen etwas. Das kann sich bis zur Feindseligkeit und zum Fanatismus steigern.
- Er duldet keine Einbußen an Überlegenheit und Macht.

## Wie er behandelt werden will

- Cäsar/Nero ist in seiner (wirklichen oder eingebildeten) Machtfülle zu respektieren. Er liebt Sozialprestige und Unterordnung anderer, insbesondere der Verkäufer, aber gerade sie will er auch als Mitstreiter gewinnen.
- Seien Sie vorsichtig, wenn er Klarheit, Leistung, Ausdauer, Zähigkeit und Geduld zeigt. Ein Kampf steht Ihnen bevor!
- Zeigen Sie sich bei einer Begegnung mit ihm als kluger Diplomat.

117

# Der Nörgler

Wir kennen ihn als den *„ewig Unzufriedenen"*, den ständigen Querulanten. An allem hat er etwas auszusetzen, und überall sucht er die schwache Stelle, an der er nachweisen kann, daß alles nicht so ist, wie es sein sollte.

*Nörgeln, mäkeln und herumkritteln ist ihm ein Bedürfnis.* Man könnte sagen, daß er tadelsüchtig ist. Er findet immer ein Haar in der Suppe. Diese destruktive Einstellung dem Leben gegenüber wächst aus einer *inneren Unausgeglichenheit,* meist gekoppelt mit der Unfähigkeit zur normalen Triebbefriedigung. Ursache allen Übels bei diesem Nörgelfritzen ist, daß er die Welt durch seine subjektive Brille des Unbehagens sieht. Er hat starke hemmende Komplexe.

Dabei hat der Nörgler – *ein Mensch mit gesteigerter Selbsteinschätzung* – ein empfindliches Selbstwertgefühl. Auf persönliche Kränkung oder vermeintliche Benachteiligung reagiert er unangemessen mit fortgesetzten Nörgeleien, Protesten, „Anträgen" oder dem Gericht.

In Wirklichkeit *will* er *herrschen.* Er hat nämlich ein starkes Gefühl der Überlegenheit und neigt zur Selbstüberschätzung. Man unterschätze ihn nicht! Er hat die Kraft des Querulanten und den Drang des Beherrschers. Er ist aktiv und rücksichtslos. Konflikte geht er direkt zupackend an.

Ein neuer Mitarbeiter? Man hüte sich vor ihm. Ein Kunde? Man wird ihn nicht abwehren können. Statt eines sachlichen Berichts bringt er nur Nörgeleien und hat an allem etwas auszusetzen. *Er sieht die Dinge durch eine schwarze Brille.* – Worauf es ihm ankommt: Mit seinen Nörgeleien möchte er andere „strafen" und sie beherrschen. Gelingt ihm das, lacht er sich ins Fäustchen.

*Unausgeglichen, komplexbehaftet, negativ gestimmt,* wie er ist, ist er eine Beleidigung und Herausforderung zugleich. *Man muß sich stellen, Tatbestände klären,* um Verdeutlichung bitten, den Tatbestand wiederholen und ihn festnageln. *Meinungsverschiedenheiten* und Kritik soll man *umgehen,* eventuelle Aggressionen überhören.

## Kurzfassung

■ Der Miesepeter und ewig Unzufriedene ist unausgeglichen, komplexbehaftet, ein Querulant mit negativer Grundeinstellung.

## Sein Gesprächsverhalten

■ Statt eines sachlichen Berichts bringt er nur Nörgeleien und hat an allem etwas auszusetzen.

■ Er sieht die Dinge durch eine schwarze Brille, will dennoch recht haben und recht behalten.

## Worauf es ihm ankommt

■ Seine Sorgen und Qualen, seine Unzufriedenheit lädt er auf andere ab.

■ Mit seinen Nörgeleien möchte er andere „strafen" und sie beherrschen. Gelingt ihm das, lacht er sich ins Fäustchen.

## Wie er behandelt werden will

■ Sie sollten ihn, wenn auch nur zum Schein, ernst nehmen, Tatbestände klären, um Verdeutlichung bitten, Tatbestand wiederholen.

■ Wenn es auch schwerfällt, sprechen Sie Dank aus.

■ Umgehen Sie Meinungsverschiedenheiten und Kritiken, überhören Sie eventuelle Aggressionen.

# Der Hysteriker

Es sind Menschen um uns, die für ihre *Affektausbrüche* bekannt sind. In besonderen Situationen bekommen sie Wein- und Schreikrämpfe. Sie *geraten plötzlich aus der Fassung*, „gehen hoch", werden aufbrausend, „flippen aus".

*Der Hysteriker kann irgendwelche belastenden Erlebnisse nicht verarbeiten.* Wird er an sie erinnert, steigt er zischend empor. Hysterie als Reaktion auf stark belastende Erlebnisse ist weder logisch noch vernünftig und dennoch zweckgerichtet. Mit dem Ausbruch und den begleitenden seelischen und körperlichen Symptomen wird die seelische Erkrankung, die Wunde, sichtbar. Es geschieht meist in Form heftiger Reaktionen.

*Die Fülle der Emotionen dringt nach außen* und wird auf die Umwelt abgeladen. Interessanterweise ereignen sich Ausbrüche nur in Gegenwart anderer Personen. *Er braucht ein Publikum.* Typisch ist auch die verhüllte oder unverhüllte Koketterie: das Bedürfnis nach Liebe. Sobald aber das erstrebte Ziel in die Nähe rückt, weicht der Hysteriker ängstlich zurück. Er fällt dem Wohlwollenden in die Arme.

Im Kern der Persönlichkeit lebt ein starkes Liebesbedürfnis und eine *ausgeprägte Angst vor Liebesverlust.*

Hysteriker sind stark beeindruckbar. Hier liegt der Schlüssel zu ihrer adäquaten Behandlung. Auf heftige Verteidigungsreaktionen der Umwelt und anschließender Liebesbekundung beruhigen sie sich wieder. Man erwarte aber keine dauerhafte Besserung. Der Hysteriker kann die normalen Triebbedürfnisse nicht entsprechend diszipliniert befriedigen. Affektausbrüche kehren wieder.

## Kurzfassung

■ Affekte und Emotionen sind stärker als Sachverhalte.
■ Belastende Erlebnisse kann er schlecht verkraften.
■ Sein Verhalten ist die Reaktion auf emotional stark belastende Erlebnisse.
■ „Bricht aus", steht sich selbst im Wege. Vieles ist jedoch nur Fassade.

## Sein Gesprächsverhalten

■ Meist gefühlsgeladene, schrille Stimme.
■ Zänkisch.
■ Neigt zur Überformulierung, zum Übertreiben.
■ Selten sachlich.
■ Affektausbrüche und plötzliches Einhängen am Telefon sind typisch.

## Worauf es ihm ankommt

■ Zuhören und ernst nehmen.
■ Will die unbedingte und sofortige Erfüllung seines Wunsches.
■ Er sucht Anerkennung, Triebbefriedigung und am liebsten Streicheleinheiten.

## Wie er behandelt werden will

■ Sachlich und energisch.
■ Er ist beeindruckbar.
■ Da er eigensinnig und rechthaberisch ist, sollten Sie Forderungen auf das rechte Maß zurückschrauben.
■ Bei heftigen Reaktionen können Sie ihn zurechtweisen und um Mäßigung bitten. Er verträgt das.

# Der Neurotiker

Viele Menschen haben Neurosen. Sie brechen aus bei Schwierigkeiten am Arbeitsplatz, aus Mangel an Anerkennung durch andere, gehen über in zwanghaftes Verhalten, Stottern oder einen Asthmaanfall. Eine einfache Wahrnehmung kann bei Neurotikern eine Spontanaktivität auslösen: Die Pupillen sind erweitert, die Haare sträuben sich, die Muskeln werden angespannt, wie in einer angelernten Angstreaktion.

Der Neurotiker hat eine *angeborene Neigung zur Übererregbarkeit,* gilt als „nervös", leicht erregbar, übertrieben reagierend. Seine Ausbrüche und „Nervengebärden" sind der Umwelt eine Greuel, vor allem, wenn damit Minderwertigkeitsgefühle verbunden sind.

Der Ursprung solchen Verhaltens und Erlebens liegt in längst vergessenen traumatischen Ereignissen. Diese, dem Neurotiker unbewußten, schmerzenden seelischen Erlebnisse – oft auch Schuldgefühle – lassen ihn stets dann spontan (über)reagieren, wenn ein Signal das Trauma, den erlittenen seelischen Schmerz, trifft: Der „Mechanismus" wird ausgelöst und beherrscht ihn. Dennoch ist die Reaktion eine Teilreaktion, d. h. nur ein Teil der Persönlichkeit ist verändert. Der Rest ist „vernünftig", und *der Neurotiker bleibt realitätsorientiert.*

*Neurotiker gelten als labile, unberechenbare Menschen,* stets gut für eine unbegründete Aufregung. Eigentlich sind sie krank und bedürfen der ärztlichen Behandlung. Doch scheinen sie, da sie Schuldgefühle nicht empfinden, eher Freude und *Genugtuung* zu verspüren, *wenn sie ihre Umwelt tyrannisieren können.*

Widerstand und Ordnungsrufe sind häufig gebrauchte Gegenmittel. Manchmal wirken sie auch. Der neurotische Kunde sollte stets erst *Gelegenheit* bekommen, *Dampf abzulassen.* Oft hilft es, wenn man Verständnis zeigt.

## Kurzfassung

- Labil, unberechenbar, „neurotisch".
- „Ausbrüche" meist dann, wenn Schwierigkeiten auftauchen. Sie verursachen Ängste. Gelegentlich auch Zwangsvorstellungen.
- „Unnötige" Nervenspannung und übertriebene Reaktion sind bei diesem Typus „normal".

## Sein Gesprächsverhalten

- Oft normaler Gesprächsbeginn. Plötzlich schlägt der Ton um.
- Konflikte werden schonungslos auf den Gesprächspartner abgeladen.
- Hohe Erregbarkeit führt zu Ausbrüchen und unkontrollierten Gedanken.

## Worauf es ihm ankommt

- Will sich abreagieren, seinem Ärger Luft machen.
- Es kann dazu kommen, daß er Sie zu seinem „seelischen Mülleimer" macht.
- Hat Freude und Genugtuung, seine Umwelt tyrannisieren zu können.

## Wie er behandelt werden will

- Geben Sie ihm zunächst Gelegenheit, „Dampf" abzulassen. Dann – nach einer Kunstpause – auf den Erregungszustand eingehen. Verständnis zeigen. Bei weiterem Ausbruch ist Widerstand angebracht.
- Sie können ihn zur Ordnung rufen oder um späteren Wiederanruf bitten.

# 9. Typus und Motive

Motive kann man nicht sehen. Man muß sie erforschen oder erraten. Bei einigen Persönlichkeitstypen ist das nicht schwer: Der Geltungsbedürftige braucht und sucht Geltung, der Star möchte glänzen, der Dominator dominieren. Schwieriger ist es schon, in die Motivationsstruktur eines Introvertierten oder Beamten zu blicken. Dazu ist es hilfreich, den jeweiligen Persönlichkeitstypus zu studieren. Hat man ihn im Ganzen erfaßt, ergeben sich beinahe zwangsläufig die zugrundeliegenden Motive. Spricht man mit dem „Beamten" über das Glück, das Selbstverwirklichung mit sich bringen kann, so wird man kaum strahlende Augen als Antwort erhalten, wohl aber, wenn wir aus eigenem Erleben glaubhaft schildern können, daß die Beamtenlaufbahn aus den verschiedensten Gründen – und zwar nicht nur wegen der Sicherheit in instabilen Zeiten – reizvoll sein kann und daß man selbst einmal kurz davor gestanden habe, die Beamtenlaufbahn zu ergreifen. Stichworte wie Streben nach Ordnung, Bedürfnis, eine begonnene Arbeit erst einmal zu Ende bringen zu wollen, bevor man die nächste beginnt, Sorgfalt, Regeltreue und ähnliches sprechen die Motivation des Beamten an.

Die Charakterologie schreibt dem Menschen als Einzelwesen entsprechend seiner Struktur bestimmte vorherrschende Motive zu. Bedürfnisse zu haben ist allgemein menschlich, aber dieses oder jenes Bedürfnis (Motiv) zu haben oder nicht zu haben, hängt mit der Lebensgeschichte des Individuums zusammen. Diese kennen wir zwar selten, wohl aber die Verhaltensweisen, aus denen sie sich entschlüsseln läßt. Wollen wir einen Menschen in dem, was er tut (oder zu tun unterläßt), was er denkt und als Meinung oder Überzeugung äußert, verstehen, dann müssen wir vor allem wissen, was er möchte, was ihn bewegt, welche Ziele er hat; davon läßt sich vieles ableiten.

Ein Motiv ist ein Faktor, der das Verhalten steuert und beeinflußt. Motive des Handelns sind dem Betreffenden meist unbewußt. Warum er so ist bzw. so und nicht anders handelt, dafür hat er auf der Vernunftebene andere Erklärungen. Grundsätzlich gehören Motive den vier Kategorien Sicherheitsstreben, Gemeinschaftsstreben, Ich-Bedürfnisse und Selbstverwirklichung an. Das bedeutet:

1. *Sicherheitsstreben:*
   Tendenz, alles stabil zu halten, keine Experimente, insgesamt Vermeidung von Angst und Suche nach Sicherheit.

2. *Gemeinschaftsstreben:*
   Bedürfnis nach Kontakt und Geselligkeit, nach Geborgenheit und Anerkennung in der Gruppe.

3. *Ich-Bedürfnisse:*
   Die dritte Kategorie betrifft das Bedürfnis, in der engeren oder weiteren gesellschaftlichen Umgebung einen gewissen Rang einzunehmen, eine Rolle zu spielen aufgrund seines Wissens, der Ausbildung oder der Stellung, des Einflusses, der Machtbefugnisse, des Ansehens usw. Die zugrunde liegende Frage ist: Was ich bin, was habe ich zu sagen, wie müßt ihr mich einschätzen; d. h. wie sehe ich mich selbst im Vergleich zu anderen.

4. *Selbstverwirklichung:*
   Tendenz, an sich zu arbeiten, seine Fähigkeiten zu entfalten, nach Erfolg zu streben, Herausforderungen anzunehmen, aber auch das Bedürfnis nach Unabhängigkeit und Selbstbehauptung.

Die Äußerungsformen der Motive sind mannigfaltig, und oft erscheint es auf den ersten Blick so, als wäre eine Zuordnung nicht möglich. Für Sie als Verkäufer sind insbesondere Ich-Bedürfnisse des Kunden von großer Bedeutung.

Wie kann sich das Sicherheitsstreben äußern? Beim Angepaßten, dem Verläßlichen, dem Pflichtbewußten und dem Pedanten herrscht es vor. Diesen Menschen sind Ordnungsliebe, Streben nach Genauigkeit und Vollendung einer Sache, die Tendenz, Schaden zu verhüten, aber auch der Hang zur Ein- und Unterordnung eigen. Andere Bedürfnisse treten zurück.

Was verbirgt sich hinter dem Gemeinschaftsstreben des Kontaktmenschen, des Gutmütigen, des Gefühlsmenschen und des Beschützers? Sie möchten dazugehören, suchen Kontakt, Anschluß und Geselligkeit, vielleicht auch Liebe und Zuneigung, oder sie haben den Hang zum Hegen und Pflegen. Sie alle brauchen Partner.

Welche Ich-Bedürfnisse gibt es? Und bei welchem Typ herrschen sie vor? Der Geltungsbedürftige ist ein markanter Vertreter dieser Bedürfnisgruppe, ebenso der Star, aber auch der Statusbewußte und der Darstellungsbedürftige. Das Ich-Bedürfnis des Extravertierten äußert sich in seinem starken Ego, und der Autoritäre reicht dem Aufsteiger die Hand zur gemeinsamen Befriedigung ihrer ähnlichen Bedürfnisse. Der Radikale schließlich setzt sich über alles und alle hinweg, ein unangenehmer Egoist.

Wie sind die Äußerungsformen der sogenannten Selbstverwirklichung? Es sind meist längere Prozesse des Strebens nach Vollkommenheit, Erkenntnissen oder Gestaltung. Hierzu gehört auch das Bedürfnis, etwas aufzubauen, zu erforschen, auszuprobieren, auch der Drang nach Selbständigkeit, Unabhängigkeit und Freiheit.

Diese Bedürfnisse lassen sich zwar mit sehr unterschiedlicher Gewichtung, aber wenigstens mit einem Körnchen Wahrheit jedermann zuschreiben. Sie kennzeichnen jedoch den einzelnen Menschen nur insoweit, als sie besonders stark oder besonders schwach ausgeprägt sind. Was ist ihm wichtig, was nicht? Was gibt er zu, oder wo verbergen sich hinter vorgehaltener Hand andere, nämlich die wahren Motive? Darüber werden in Interaktionen offizieller und privater Natur viele, oft lange Gespräche geführt und Argumentationsketten aufgebaut, als sei der eigene Standort der einzig richtige – eine wahre Exhibition des einzelnen, dessen er sich meist nicht bewußt ist. Für den „Motivforscher" ist das ein reiches Feld der Erkenntnis!

Da sich das Streben nach Bedürfnisbefriedigung dank rationaler Überlegungen nach den situativen Möglichkeiten richtet, sind auch die weniger stark ausgebildeten Motive des Individuums von Bedeutung: Welches Motiv „rückt nach", wenn das stärkste nicht verwirklichbar (oder schon „gesättigt") ist? Wahrscheinlich entdecken wir bei einem Individualisten, daß er bei schlechten Chancen einer Selbstverwirklichung auf sein Sozialprestige „umschaltet" („Ich bin doch wer!"). Kommt auch da keine befriedigende Antwort aus der Umwelt, bleibt ihm als Refugium noch das Bedürfnis nach Sicherheit. In diesem Zustand fühlt er sich aber sehr unglücklich. Der Verläßliche rückt stärker an die Gruppe heran, wenn er sich unsicher fühlt und nach den Umständen durch sein Grundverhalten keine befriedigende Antwort bekommt.

Jeder kennt Phasen in seinem Leben, in denen er besonders glücklich oder besonders unglücklich war. Der bessere Zustand („Glück") geht mit starker Bedürfnisbefriedigung einher. Man ist hochzufrieden, weil das Hauptmotiv so richtig zum Tragen kommt und auch die in der Rangfolge 2 und 3 stehenden Bedürfnisse keinen Mangel an Befriedigung leiden: Dem Introvertierten hat

128

man seinen Vertrag verlängert (Sicherheit), er kann zudem an einer für ihn wichtigen Aufgabe arbeiten (Selbstverwirklichung) und gehört damit zu einer privilegierten Mitarbeitergruppe (Sozialprestige). Beim „Unglück" verläuft der Prozeß in umgekehrter Richtung ab.

Der Versuch liegt nahe, für den einzelnen Typus eine Rangfolge der Motive festzulegen. So könnte beispielsweise beim Typ des Beschützers die Rangfolge folgendermaßen aussehen:

1. Gemeinschaftsstreben,
2. Sicherheitsstreben,
3. Anerkennung (als Ich-Bedürfnis) und
4. Selbstverwirklichung.

Nur wäre eine solche Rangfolge nie gleich den Stufen einer Treppe. Die Abstände können sehr unterschiedlich sein. Je nach Artung der Persönlichkeit, ob angepaßt, eigenständig oder kompliziert, verläuft das innere Kräftespiel anders. Beim reinen Typ steht ein Motiv im Vordergrund. Darauf kann man bauen.

## Test: Wie bin ich motiviert?

Sicher haben Sie schon versucht, sich als Typus einzuordnen. In der Zuordnung eines Typus finden Sie auch die vorherrschenden Motive. Der nachstehende Fragebogen soll helfen, Ihre Motive genauer zu bestimmen. Kreuzen Sie jeweils das „Ja" oder das „Nein" an. Falls Sie sich nicht entscheiden können oder sich aus irgendeinem Grund außerstande sehen, sich nach dieser oder jener Seite zu entscheiden, machen Sie Ihr Kreuz beim Fragezeichen. Am besten ist es, wenn Sie nicht allzulange nachdenken und sich nicht in den genauen Wortlaut der Fragen verbeißen.

| | | Ja | | ? | | Nein | |
|---|---|---|---|---|---|---|---|
| 1. | Ich strebe nach Unauffälligkeit. | Ja | ☐ | ? | ☐ | Nein | ☐ |
| 2. | Gesundheit ist mir wichtig. | Ja | ☐ | ? | ☐ | Nein | ☐ |
| 3. | Ich bevorzuge eine Dauer-stellung. | Ja | ☐ | ? | ☐ | Nein | ☐ |
| 4. | Ich gehe keine nicht durch-schaubaren Risiken ein. | Ja | ☐ | ? | ☐ | Nein | ☐ |
| 5. | Ich bin sparsam und halte meine Finanzen zusammen. | Ja | ☐ | ? | ☐ | Nein | ☐ |
| 6. | Meine Devise ist: „Nur keine unüberlegten Experimente". | Ja | ☐ | ? | ☐ | Nein | ☐ |
| 7. | Ich bin für Neues aufgeschlos-sen, greife jedoch gern auf Bewährtes zurück. | Ja | ☐ | ? | ☐ | Nein | ☐ |
| 8. | Wenn die Lage unübersichtlich ist, stelle ich viele Fragen. | Ja | ☐ | ? | ☐ | Nein | ☐ |
| 9. | Meinen Urlaub verbringe ich möglichst so, daß ich mich gründlich erhole. | Ja | ☐ | ? | ☐ | Nein | ☐ |
| 10. | Ein Nutzgarten ist mir lieber als ein Ziergarten. | Ja | ☐ | ? | ☐ | Nein | ☐ |

Das sind nur zehn Fragen. Sie betreffen Ihr Bedürfnis nach Sicherheit und Geborgenheit, wie Sie sicher schon bemerkt haben. Dieses Motiv bei sich selbst zu erkennen, ist nicht schwer. Jedes „Ja" ergibt einen Punkt, jedes Fragezeichen einen halben Punkt. Haben Sie fünf oder mehr Punkte, ist dieses Motiv bei Ihnen stark ausgeprägt. Ihre Tendenz ist, alles möglichst stabil zu halten und in unübersichtlichen Situationen „auf Nummer Sicher" zu gehen.

| | | | | |
|---|---|---|---|---|
| 11. | Ich möchte mit einem oder einigen Menschen voll Vertrauen reden können. | Ja ☐ | ? ☐ | Nein ☐ |
| 12. | Von diesem oder diesen Menschen erwarte ich vertrauensvolle Zuwendung. | Ja ☐ | ? ☐ | Nein ☐ |
| 13. | Wenn Familie und Partnerschaft stimmen, ist soziale Anerkennung für mich weniger wichtig. | Ja ☐ | ? ☐ | Nein ☐ |
| 14. | Die Nähe zu einem anderen Menschen läßt mich das Streben nach Sicherheit vergessen. | Ja ☐ | ? ☐ | Nein ☐ |
| 15. | Als ich Kind oder noch jung war, strebte ich nach einem Vorbild. | Ja ☐ | ? ☐ | Nein ☐ |
| 16. | Ich freue mich, wenn ich nach persönlichem Rat gefragt werde. | Ja ☐ | ? ☐ | Nein ☐ |
| 17. | Zu den engsten Bezugspersonen sage ich öfter „Dir zuliebe, ja", obwohl ich sonst anders entscheiden würde. | Ja ☐ | ? ☐ | Nein ☐ |
| 18. | Ich spreche gern über persönliche Probleme. | Ja ☐ | ? ☐ | Nein ☐ |
| 19. | Im Beruf suche ich die sachliche und eigenständige Entscheidung, richte mich aber häufig nach dem, was meine Vorgesetzten wollen. | Ja ☐ | ? ☐ | Nein ☐ |
| 20. | Ich habe öfter Vermittlungs- oder Beratungsaufgaben übertragen bekommen. | Ja ☐ | ☐ | Nein ☐ |

Die Fragen 10 bis 20 beziehen sich auf das Gemeinschaftsstreben. Dieses kommt am deutlichsten in dem Bedürfnis nach Vertrauen zum Ausdruck. Auch hier gilt: ein Punkt für jedes „Ja", ein halber Punkt für das Fragezeichen. Fünf Punkte sprechen für eine gute, sechs und mehr für eine starke Ausprägung dieses Motivs.

| | | | | | |
|---|---|---|---|---|---|
| 21. | Ich finde Ruhe und innere Stabilität, wenn ich zu mir selbst zurückgekehrt bin. | Ja ☐ | ? ☐ | Nein ☐ |
| 22. | Für Kritik und Tadel bin ich nicht zugänglich. Ich verlange schon Begründung und Rechenschaft. | Ja ☐ | ? ☐ | Nein ☐ |
| 23. | Wenn meine Umwelt mit Anerkennung geizt, tue ich etwas dagegen oder ziehe mich zurück. | Ja ☐ | ? ☐ | Nein ☐ |
| 24. | Ich strebe nach Anerkennung in einer bestimmten/in mehreren Gruppen. | Ja ☐ | ? ☐ | Nein ☐ |
| 25. | Dort möchte ich nicht an letzter „Geltungsstelle" rangieren. | Ja ☐ | ? ☐ | Nein ☐ |
| 26. | Prestige, Status und Geltung sind angenehme Beigaben des Lebens. | Ja ☐ | ? ☐ | Nein ☐ |
| 27. | In der Gesellschaft bzw. in Gruppen integriere ich mich. An erster Stelle riskiert man zuviel. | Ja ☐ | ? ☐ | Nein ☐ |
| 28. | Geselligkeit ziehe ich allen anderen Lebensformen vor. | Ja ☐ | ? ☐ | Nein ☐ |
| 29. | Ich gehe mit der Mode, ohne auf den jeweils „neuesten Schrei" zu hören. | Ja ☐ | ? ☐ | Nein ☐ |
| 30. | Ich leiste mir immer, wenn ich kann, eine besondere Reise. | Ja ☐ | ? ☐ | Nein ☐ |

Die Fragen 21 bis 30 geben Auskunft über das Bedürfnis nach sozialer Anerkennung (21 und 27 sind Kontrollfragen).

Hohe Punktzahlen sind im Verkäuferberuf üblich. Bei weniger als fünf Punkten kann man sich fragen, ob die Antriebe zum Wettbewerb nicht zu schwach ausgeprägt sind, bei sieben und mehr Punkten, ob sich das Konkurrenzverhalten im Kundengespräch nicht negativ auswirkt.

| | | | |
|---|---|---|---|
| 31. | Es widerstrebt mir, von Vorgesetzten zu sehr bestimmt oder gegängelt zu werden. | Ja ☐ ? ☐ Nein ☐ |
| 32. | Ich bin kein „Prinzipienreiter". | Ja ☐ ? ☐ Nein ☐ |
| 33. | Mir fällt es schwer (bzw. es kommt nur selten vor), mich voll und ganz einem Menschen hinzugeben. | Ja ☐ ? ☐ Nein ☐ |
| 34. | Ich strebe nach einem Tätigkeitsbereich, wo ich eigene Verantwortung übernehmen kann. | Ja ☐ ? ☐ Nein ☐ |
| 35. | Man schätzt mich wegen meiner Objektivität und dem Realismus, mit dem ich an neue Aufgaben herangehe. | Ja ☐ ? ☐ Nein ☐ |
| 36. | Rang und Status oder Prestige der Stelle oder Aufgabe sind für mich zweitrangig. | Ja ☐ ? ☐ Nein ☐ |
| 37. | Was meine Ehe/Partnerschaft anbelangt, bewahre ich mir einen Rest Eigenständigkeit. | Ja ☐ ? ☐ Nein ☐ |

| | | |
|---|---|---|
| 38. Man hat mir Führungsverantwortung übertragen bzw. ich hoffe, daß man das tun wird wegen meiner sachlichen Einstellung und meiner Bereitschaft zum Engagement für eine größere Sache bzw. Einheit. | Ja ☐ ? ☐ Nein ☐ |
| 39. In meiner Lebensgestaltung fühle ich mich frei, da möchte ich selbst entscheiden, und dafür übernehme ich auch die Verantwortung. | Ja ☐ ? ☐ Nein ☐ |
| 40. Ich möchte weiterkommen und aufsteigen, aber nicht auf Kosten einer aufgezwungenen Verantwortung. | Ja ☐ ? ☐ Nein ☐ |

Die Fragen 31 bis 40 sind auf das Maß der Neigung nach Selbstverwirklichung gerichtet. Kennzeichen sind das Streben nach Unabhängigkeit und Eigenverantwortung. Bei hoher Punktzahl sind wahrscheinlich das Sicherheits- und Gemeinschaftsstreben für Sie nicht entscheidend, meist sind auch Prestige, Rang und Rolle, Ansehen und Macht keine Leitlinien Ihres Handelns. Dafür treten – von fünf Punkten aufwärts – die Merkmale des „Selbstverwirklichers" hervor: Arbeiten an einer wichtigen und für das persönliche Wohlbefinden günstigen Aufgabe, die Selbständigkeit und eigene Verantwortung ermöglicht, die Bereitschaft zur Annahme von – wohlüberlegten – Herausforderungen, die einen weiterbringen oder die Möglichkeit, individuell zu wachsen. Drei bis vier Punkte sind Minimum, acht und mehr Punkte sind Indiz dafür, daß man seinen eigenen Weg geht und sich aus Zweckmäßigkeitsgründen mit einem Betrieb oder einer Organisation auf Zeit verbindet.

| | | | |
|---|---|---|---|
| 41. Ich bin pünktlich. | Ja ☐ | ? ☐ | Nein ☐ |
| 42. Ich bleibe meinem Standpunkt treu. | Ja ☐ | ? ☐ | Nein ☐ |
| 43. Mich vom Gegenteil zu überzeugen, ist schwer. | Ja ☐ | ? ☐ | Nein ☐ |
| 44. Ich mag Menschen, die auf Präzision und Exaktheit bedacht sind. | Ja ☐ | ? ☐ | Nein ☐ |
| 45. Ich neige dazu, alles bis ins Letzte zu planen und richte mich auch danach. | Ja ☐ | ? ☐ | Nein ☐ |
| 46. Kritik vertrage ich nicht gut, wenn es um meine Grundsätze geht. | Ja ☐ | ? ☐ | Nein ☐ |
| 47. Ich mache mir oft Gewissensbisse. | Ja ☐ | ? ☐ | Nein ☐ |
| 48. Ich möchte in Übereinstimmung mit bestimmten Normen leben, nach denen ich mich richte. | Ja ☐ | ? ☐ | Nein ☐ |
| 49. Ich bin rechthaberisch. | Ja ☐ | ? ☐ | Nein ☐ |
| 50. In Fragen der Gerechtigkeit kann ich kompromißlos sein. | Ja ☐ | ? ☐ | Nein ☐ |
| 51. Gegen meine Prinzipien verstoße ich nicht. | Ja ☐ | ? ☐ | Nein ☐ |
| 52. Im Berufs-/Geschäftsleben ärgere ich mich, wenn andere Termine und Abmachungen nicht einhalten. | Ja ☐ | ? ☐ | Nein ☐ |
| 53. Im Zusammenleben mit meiner Familie und mit Freunden achte ich stets auf die Einhaltung von Regeln. | Ja ☐ | ? ☐ | Nein ☐ |

| | | |
|---|---|---|
| 54. Ich neige dazu, die Welt, aber auch mich selbst negativ aufzufassen. | Ja ☐ ? ☐ Nein ☐ |
| 55. Ich bevorzuge einzelgängerische Hobbies vor solchen, die mit anderen gemeinsam ausgeübt werden. | Ja ☐ ? ☐ Nein ☐ |
| 56. Humorvolle Großzügigkeit geht mir ab. | Ja ☐ ? ☐ Nein ☐ |
| 57. Mein Ich-Ideal (so, wie ich glaube, sein zu müssen) und die Wirklichkeit klaffen oft auseinander. | Ja ☐ ? ☐ Nein ☐ |
| 58. Ich wäge lange ab, bevor ich mich entscheide. | Ja ☐ ? ☐ Nein ☐ |
| 59. Gesetze sind dazu da, eingehalten zu werden. | Ja ☐ ? ☐ Nein ☐ |
| 60. Ordnung ist das halbe Leben. | Ja ☐ ? ☐ Nein ☐ |

Die Fragen 41 bis 60 beziehen sich auf das Selbstwertgefühl. Menschen mit hoher Punktzahl (zwölf und mehr) haben Schwierigkeiten mit ihrer Selbstachtung. Sie neigen zur Strenge und Härte gegen sich selbst und gegen andere. Überanpassung auf der einen Seite und Neigung zur autoritären Haltung auf der anderen beeinträchtigen die Befriedigung ihrer Bedürfnisse. Alle vier Hauptbedürfnisse können davon betroffen sein. Frustationen und Konflikte – die Minusseite gelungener Motivationen – sind häufig. Je niedriger die erreichte Punktzahl (acht und weniger), desto gelungener ist Ihre Persönlichkeitsentwicklung. Selbstbehauptung und Selbstbewußtsein, Realitätssinn und Selbständigkeit, Verantwortungsbereitschaft und Kooperationsfähigkeit sind bleibende Persönlichkeitseigenschaften. Es fällt Ihnen nicht schwer, sich selbst und andere Menschen zu motivieren.

# 10. Dem Kunden vis-à-vis

Die erste Begegnung ist oft entscheidend. Der Zufall meint es gut, wenn man sich gegenseitig sympathisch findet. Sympathie ist eine Art „Tauschsystem". Man hat gemeinsame Interessen und Ansichten, und man bestärkt sich gegenseitig darin. Eine solche Übereinstimmung wird als Belohnung empfunden, so wie Lob oder Gefälligkeiten, die man sich gegenseitig erweist. Manchmal meint man sogar, menschliche Beziehungen liefen nach einer Kosten-Nutzen-Rechnung ab: Ich finde dich sympathisch, also sei du auch nett zu mir. Daran ist sicher viel Wahres. Aber auch abweichende Ansichten werden akzeptiert, wenn der andere besonders fähig ist, besondere Fertigkeiten besitzt oder tüchtig ist, sofern er einem gleichzeitig das Gefühl vermittelt, daß er einen mag.

Kompetenz und Tüchtigkeit, aber auch attraktives Aussehen machen einen Partner begehrenswert. Nicht immer mag man den Tüchtigen. Ist er ein „Macher", so wirkt er oft kalt, perfekt, übermenschlich. Ist er hingegen der Typ des guten oder besten Problemlösers, wird es ihm schwer gelingen, gleichzeitig auch der Beliebteste zu sein. Vielleicht legt er sich eine kleine menschliche Schwäche zu – das macht ihn dann sympathisch.

Als Faustregel kann gelten, daß uns diejenigen Menschen sympathisch sind, die uns Anerkennung und Bestätigung geben, Anerkennung in dem, worauf wir Wert legen und Bestätigung mehr im allgemeinen Sinne der Akzeptanz der Person.

Der Alltag im Umgang mit Kunden bringt nicht nur unterschiedliche Aufgaben mit sich, sondern auch die Notwendigkeit, sich stündlich oder minütlich auf einen anderen Menschen einzustellen. Kennen wir den Kunden, so bedarf die Einstellung auf ihn lediglich einer kurzen Memorierung dessen, was wir über ihn wissen. Beim

Besuch tun wir das routinemäßig vor dem Betreten seines Büros. Bei Anrufen des Kunden ist schnelle Schaltung auf den Namen und den „Typus" erforderlich, ebenso starke Konzentration bei den ersten Worten und Sätzen. Ist die optimale Schaltung, das heißt Kontakt und Einfühlung in die Persönlichkeit und Sprache, auf die Wellenlänge des Typus gelungen, kann im Sachlichen wenig falsch laufen.

Anders ist es bei der ersten Begegnung. Wir kennen den Kunden nicht, lediglich die Firma, die Branche, die Funktion oder Position. Automatisch kommt eine im Gedächtnis gespeicherte Vorstellung auf, wie Menschen in diesem Milieu sind. Das kann helfen, aber auch schaden. Vis-à-vis dem neuen Gesprächspartner kommt unweigerlich Sympathie oder Antipathie gegenüber bestimmten Persönlichkeitseigenschaften oder -typen zur Wirkung. Das mögen nur Sekunden sein, aber sie verfehlen ihre Wirkung nicht. Denken Sie nur an die spontane Körpersprache, die „nie lügt"! Deshalb ist es wichtig zu wissen, wie wir auf den einzelnen Typus – unbewußt – reagieren. Welche Typen sind Ihnen sympathisch, welche unsympathisch?

Wenn Sie als Verkäufer der Typ des Selbstbewußten sind, so glauben Sie wahrscheinlich mit Recht, mit den meisten Menschen gut auszukommen. Es bleiben aber dennoch einige übrig, die Ihnen Schwierigkeiten bereiten. Das kann der Machtmensch sein oder der Cäsar, der Unbekümmerte oder ein anderer Typus. Den meisten gegenüber werden Sie sich jedoch überlegen fühlen, ohne Überheblichkeit, einfach aus Ihrer Erfahrung heraus.

Ein Verkäufer mit der Charakterologie des Aufsteigers wird z. B. keine Schwierigkeiten haben mit den Typen Kontakt- oder Gefühlsmensch, dem Pflichtbewußten, Ängstlichen oder Geltungsbedürftigen, wohl aber mit dem Robusten, dem Pedanten oder dem Star.

Zunächst kann er möglicherweise mit den Typen Unbekümmerter, Außenseiter, Individualist, Narziß oder Cäsar wenig anfangen. Die „aufgestiegenen Aufsteiger" werden ihn möglicherweise irritieren (Gefühle: „Wieso sitzt der in diesem Sessel und ich vor ihm?"), nicht so sehr jedoch die Dominatoren oder Machtmenschen, aber sicher die Gruppe, die weit weg ist von der Mentalität des Aufsteigers, wie z. B. der Geltungsbedürftige, Nörgler oder Radikale.

Treffen zwei Unbekümmerte aufeinander, wird die Kommunikation nach den ersten Abtastversuchen ohne weiteres gut sein. Trifft hingegen ein sensibler Verkäufer auf Persönlichkeitstypen aus der Reihe der komplizierten, individualistischen und ichbezogenen Gruppe, wird er sich in der Regel durch sein Einfühlungsvermögen gut zu helfen wissen. Ist der Verkäufer der Typus Ingenieur, werden ihn viele der angetroffenen Typen menschlich kaum interessieren; er läßt sie mehr oder weniger alle gelten. Aber wenn ihm der Robuste gegenübersitzt, wird er ebenso Schwierigkeiten haben wie beim Machtmenschen oder beispielsweise dem Star.

Alles in allem sind Zufall und Glück entscheidend – es klappt mit dem Menschen oder nicht –, wenn man nicht gelernt hat, wie die eigene Reaktion auf den Typus A, B oder C ist. Man hat mit diesen Schwierigkeiten und weiß nicht, woher sie kommen. Bei längeren Verhandlungen spürt man, daß man mit dem betreffenden Menschen nicht zurechtkommt, ist selbstverständlich nicht froh darüber und fühlt sich auch in der Argumentation unsicher. Was man auf der menschlichen Ebene nicht erreicht, geht dann meistens zu Lasten des Vertragsergebnisses.

Teilt man die 42 Typen in drei Gruppen – „meine leichten Fälle", „keine Probleme mit diesem Typus, obwohl er anders ist als ich" und „Typen, mit denen ich Schwierigkeiten habe" – löst sich ein Teil des Problems von selbst. Wenden Sie sich nun Ihren „schwierigen Partnern" zu. Wie sind sie? Wie können Sie sie besser verstehen? Wie sieht deren Welt von innen aus? Die charakterologischen Hinweise, die Struktur der Persönlichkeit und die typische Motivation geben Auskunft. Vergessen wir aber auch nicht, daß Persönlichkeitsunterschiede die Quelle aller befriedigenden und unbefriedigenden menschlichen Begegnungen sind. Verkäufer sagen oft, daß man dem Verkäuferberuf den Reiz nehmen würde, wenn alle Menschen gleich wären. Die Vielfalt der Menschen sei das Salz in der Suppe.

Wenn also Sympathie und Antipathie auf Persönlichkeitsunterschieden beruhen, so dient das eigene Leitbild als Kompaß. Dieser deutet an, wer in meine Richtung und wer von mit wegzeigt. Welches Verhalten erwartete ich von den Menschen? Was hat mein Leitbild an Vorurteilen und Voreingenommenheiten bewirkt?

Persönlichkeitsunterschiede führen nicht nur zu Sympathie und Antipathie, sondern auch zu Indifferenz, zur gefährlichen Unbestimmtheit oder Gleichgültigkeit. Der andere (der nicht weiß, daß er in diesem Augenblick für Sie ein Indifferenter ist) spürt die Teilnahmslosigkeit und wird Ihnen gegenüber tatsächlich indifferent ... Wenn man einen Menschen nicht spüren kann, wenn er einem „nichts sagt", kann weder Sympathie noch Antipathie aufkommen. Totale Windstille, ein emotionsloser Raum, in dem der Funke nicht überspringen kann. Hier hilft nur: aus sich herausgehen, auf den anderen zugehen, Gedanken und Meinungen äußern, Gefühle zeigen. Das sind für den Partner Hilfen, die meist dankbar angenommen werden. Der Mensch wird sichtbar und fühlbar... Nähe wirkt anziehend. Kontakt bringt Sympathie.

## Test: Die Selbsteinschätzung und die Meinung Dritter

In den Ergebnissen von Persönlichkeitstests erscheint der Mensch meist anders als in der Selbst- oder Fremdbeurteilung. Folgender Versuch kann Ihnen darüber Aufschluß geben. Tragen Sie zunächst Ihre Selbsteinschätzung in die Tabelle der Persönlichkeitsfaktoren ein. Unterstreichen Sie dabei jene Merkmale, von denen Sie glauben, daß sie für Sie typisch sind. Die Randpositionen 1 und 2 bzw. 8 und 9 wählen Sie dann, wenn der linke oder rechte Pol in dem betreffenden Persönlichkeitsfaktor bei Ihnen stark ausgeprägt ist. Zwischen 3 und 7 liegen 80 Prozent der Testergebnisse.

Lassen Sie sich anschließend von einem guten Freund oder von Ihrem Lebensgefährten (Vorsicht wegen der Gefahr von Projektion! – Lebenspartner haben sich oft einiges überakzentuiert zu sagen!) beurteilen. Vergleichen Sie die Abweichungen und diskutieren Sie darüber, warum der andere Sie so sieht.

So, wie das Selbstbild, enthält auch das Fremdbild Subjektivismen und Verzerrungen. Sie sollten aber die Herausforderungen, die das Fremdurteil bedeutet, annehmen. Wahrscheinlich wirken Sie auf viele andere Menschen ebenso. Darüber nachzudenken, warum dies so ist, lohnt sich.

Während einer Diskussion läßt sich nicht verhindern, daß Gefühle geschont werden oder Meinungsstreit und versteckte Aggressionen aufkommen. Objektivität ist nicht immer zu erreichen, wohl aber Sachlichkeit, zu der man auch immer wieder zurückkehren sollte. Oft werden Auslegungsfragen von Begriffen diskutiert, um vom eigentlichen Inhalt abzulenken.

Daher seien hier einige Faktoren näher erläutert:

⇨ Übereinstimmung oder mangelnde Übereinstimmung mit kulturellen Normen ist nicht an einer einzigen Gesellschaftsschicht oder Gruppe zu messen, sondern am Durchschnitt der Bevölkerung.

⇨ Das Gegenpaar kortikale Wachheit – Gefühlsbetontheit darf man mit den allgemeinen psychologischen Begriffen Verstandsmensch und Gefühlsmensch gleichsetzen.

⇨ Hinter der Mobilisierung von Energie stehen Willenskraft und Ausdauer.

⇨ Bei Angstreaktionen unterscheidet man solche, die auf Reize ohne Beziehung zu tatsächlichen Gefahren (=Angst) erfolgen, und angepaßte Reaktionen, bei denen die objektive Gefahr mit adäquater Antwort einhergeht (Anpassung oder „gesunde" Angst).

⇨ Realisierung (Wahrnehmung an der Realität orientiert) finden wir z. B. beim Selbstbewußten, beim Pragmatiker und vielen anderen, gespannte Inflexibilität bei den komplizierten, individualistischen Typen.

Das ganzherzige Verständnis ist gegeben, wenn man mit Leib und Seele bei der Sache ist und sich voll einsetzt.

## Persönlichkeitsfaktoren

| Positiver Pol (nicht wertend zu verstehen) | 1 | 2 | 3 | 4 | 5 | 6 | 7 | 8 | 9 | Negativer Pol (nicht wertend zu verstehen) |
|---|---|---|---|---|---|---|---|---|---|---|
| Starke Selbstbehauptung | | | | | | | | | | Mangelnde Selbstbehauptung |
| Gehemmtheit | | | | | | | | | | Mangelnde Hemmung |
| Unabhängigkeit der Meinungsbildung | | | | | | | | | | Abhängigkeit der Meinungsbildung |
| Übereinstimmung mit kulturellen Normen | | | | | | | | | | Mangelnde Übereinstimmung mit kulturellen Normen |
| Überschwenglichkeit | | | | | | | | | | Unterdrückung von Gefühlen |
| Kortikale Wachheit (vorwiegend vom Verstand bestimmte Persönlichkeit) | | | | | | | | | | Gefühlsbetontheit |
| Mobilisierung von Energie | | | | | | | | | | Regression (Abwehrhaltung, Rückfall in frühere Stadien der Persönlichkeitsentwicklung, z. B. Trotz, Aggression usw.) |
| Angst | | | | | | | | | | Anpassung |
| Realisierung (Wahrnehmung an der Realität orientiert) | | | | | | | | | | Gespannte Inflexibilität (Hartnäckigkeit, nervöse Gespanntheit) |
| Asthenie (zart, mager, nicht belastbar) | | | | | | | | | | Robuste Selbstsicherheit |
| Ganzherziges Verständnis | | | | | | | | | | Willensschwäche |
| Gleichmut | | | | | | | | | | Frustation |
| Behutsamkeit | | | | | | | | | | Impulsive Veränderlichkeit |
| Extraversion | | | | | | | | | | Introversion |
| Bestürztheit | | | | | | | | | | Zuversichtlichkeit |

# 11. Das Unternehmen des Kunden

Der Industrie- und Handelskunde stellt an den Verkäufer/Berater besondere Anforderungen. Jedes Angebot wird unter Kostengesichtspunkten und Leistungswert geprüft und durchläuft meistens mehrere Stationen, bis es zur Auftragsverhandlung kommt. Jeder Betrieb muß zwar nach dem höchsten Leistungsgrad streben, doch das Spektrum der Unternehmensziele ist vielfältiger. Neben Wirtschaftlichkeit, Rentabilität und Gewinn gehören auch Sicherheit (Absicherung im Markt und bei den Finanzen möglichst auf lange Dauer) und Unabhängigkeit dazu, aber auch Prestige, Macht, ethische und soziale Ziele. Kennt man sie, so können sie im offiziellen Gespräch oder im Small talk gute Anknüpfungspunkte sein.

Größe, Art und Struktur des Betriebes, Unternehmensphilosophie, Traditionen, Unternehmenskultur und Eigenwerbung in Corporate Identity-Broschüren sagen manches über die „Unternehmenspersönlichkeit" aus. Im persönlichen Kontakt erfährt man die in der Firma üblichen Denkmuster, die herrschenden Überzeugungen und die Gegenströmungen in diesen oder jenen Unternehmensteilstrukturen. Ordnungssysteme leuchten auf, Potentiale werden sichtbar, Ressourcen bekannt. Man weiß, wo man anzusetzen hat.

Zur Selbstdarstellung der Unternehmen gehörten immer schon die Verwaltungsgebäude, Technologie und Symbolsysteme wie Architektur, Dekos und Firmenzeichen. In dem Streben nach einer positiven Corporate Identity werden dem Management bestimmte Werte zugrunde gelegt, Strategien entworfen usw.; neben dem Corporate Design, meist gekoppelt mit einem Firmen-Logo, tritt die Forderung nach dem Corporate Behavior hervor, dem für alle gültigen Verhaltensmuster gegenüber der Öffentlichkeit. Das alles ist ernst zu nehmendes Dekor, mit dem sich auch Ihr Gesprächspartner gern schmückt.

Wenn man einen Betrieb besichtigt, sieht man eine verwirrende Zahl einzelner Bestandteile – Menschen und Objekte. In welchem Zusammenhang stehen sie? Wir sehen nichts von dem, was „Organisation" ist, nämlich ein System von Regelungen. Wir sehen keine Instanzen und keine Funktionen, keine Zentralisation und keine Dezentralisation. Was wir aber sehen, sind Menschen, die in bestimmten Beziehungen zueinander stehen. Wir sehen die soziale Organisation. Warum ist nicht sie die gültige Wirklichkeit des Betriebes?

Es lohnt sich, drei Aspekte ein und desselben Betriebes einmal getrennt zu betrachten – den betriebswirtschaftlichen, den technologischen und den sozialen.

Als erster Aspekt bietet sich dem Betrachter der technologische an. Beeindruckend sind oft nicht nur die Verwaltungsgebäude, sondern auch die Produktionsstätten. Klassische und moderne Technologie wird einem vorgeführt, und selten wird verschwiegen, was man eigentlich noch besser machen möchte. Zur Sprache kommen auch die gerade laufenden Maßnahmen der Organisationsverbesserung, Rationalisierungs- und Steuerungsvorhaben. Ein Betriebsrundgang kann für den aufmerksamen Verkäufer eine Fundgrube für seine Vorgehensweise und Strategie sein. Was will der Betrieb? Wohin laufen die Aktivitäten? Wie ist der technologische Stand? Wie kann man bei der Verwirklichung der Planer, Organisatoren und Realisierer helfen, damit sie erreichen, was sie möchten?

Für den Techniker, der den Verkäufer begleitet, ist der Teil eines Industriebetriebes, in dem die Produktion stattfindet, zunächst konkret eine Zusammenstellung von Gegenständen, also z. B. Grundstücken, Gebäuden, Einrichtungsgegenständen, Werkzeugen, Maschinen, Nachrichtenübermittlungsanlagen und dergleichen. Diese Gegenstände sind nach einem bestimmten System ausgewählt und angeordnet. Wesentlicher Charakterzug dabei ist die technisch-mechanistische Logik. Dabei geht es um den größtmöglichen technischen Nutzeffekt. Technik soll eine Auslese und Kombination naturgesetzlicher Möglichkeiten bereitstellen. Die Auswahl des technisch vollkommenen Verfahrens ist eine naturwissenschaftlich-technische Überlegung und kann überzeugend erklärt werden.

Meist bestimmt die Technik allerdings auch, wo der Platz des Menschen ist, was dieser zu tun oder nicht zu tun hat, welche seiner Eigenschaften und Fähigkeiten benötigt werden, ob er einen Einzelarbeitsplatz bekommt oder eine Gruppenarbeit. Technik bestimmt, wer mit wem, was, wann und wie zu tun hat – soweit technologische Gesichtspunkte maßgebend sind.

Es ist schwer, sich der Sachlogik des Ingenieurs zu entziehen. Anders sieht der Kaufmann „seinen" Betrieb. Für ihn arbeitet ein Betrieb um so wirtschaftlicher, je mehr es gelingt, ein hohes qualitatives Niveau der produktiven Faktoren zu erreichen. Es gilt, diejenige Kombination (Proportion zwischen den Faktoreneinsatzmengen) zu realisieren, die unter gegebenen betrieblichen Umständen und Möglichkeiten, die für den jeweiligen Produktionsumfang günstigste, d. h. billigste ist.

Daher die Zahlen- und Sachlogik, das Kostendenken. Der Prozeß der Leistungserstellung ist also dem Prinzip der Wirtschaftlichkeit unterworfen. Dieses ist der kategorische Imperativ, unter dem der wirtschaftliche Vollzug im Betrieb steht. Der betriebswirtschaftliche Aspekt ist aber nicht der einzig gültige.

Für den Techniker ist der Betrieb etwas „ganz anderes". Wirtschaftliches Denken ist ihm zwar nicht fremd, als kategorischen Imperativ läßt er es jedoch nicht gelten. Der Kaufmann hat aber meist das letzte Wort. Ihm bleibt zu sagen, ob er die Technik bezahlen kann oder will. In dieser Zwickmühle ist der Verkäufer machtlos, wenn er nicht die „dritte Dimension" von Anfang an wahrgenommen hat, nämlich den Betrieb als soziales Gebilde.

Der Betrieb ist keine Ansammlung beziehungsloser Roboter, selbst dort nicht, wo Roboter die Arbeit tun. Es sind wirtschaftliche Motive, die einen Betrieb entstehen lassen, und es sind primär wirtschaftliche Motive, die ihn erhalten. Zweifellos sind Organisationen auch weniger an der Selbstverwirklichung ihrer Mitglieder interessiert als an der Bedeutung dieser Individuen für die Erreichung der Organisationsziele. Aber der Mensch schafft sich seinen eigenen Betrieb, indem er individuelle und soziale Motive einbringt. So ist jedes Unternehmen, jeder Betriebsteil, ein kompliziertes und mehrfach strukturiertes System.

Zweifellos herrscht der betriebswirtschaftliche Aspekt vor, mit dem es der Verkäufer, Berater oder Verkaufsmanager zu tun hat. Es wäre aber nicht realistisch, wenn er diesen allein gelten ließe. Sein Gesprächspartner, sei er nun der zuständige Fachmann oder Abteilungsleiter, steht selten allein. Er muß sich zumindest mit anderen Fachleuten (oder auch Fachfremden!) auseinandersetzen und unter ihnen behaupten. Er und seine Helfer oder Kontrahenten, einschließlich des oder der Vorgesetzten, sind in ein Netz von Beziehungen eingebunden.

Jeder hat – schon als Überlebensprinzip – vorhandene Autoritäts- oder Machtstrukturen zu berücksichtigen. Sie durchziehen die gesamte Organisation. Erscheint der Verkäufer vertrauenswürdig und glauben seine Gesprächspartner, daß er auf ihrer Seite stehend helfen könnte, persönliche Ambitionen zu erfüllen, ist er zwar noch nicht „ihr Mann". Wenn es ihm aber gelingt, übergeordnete Unternehmensziele mit einzubeziehen und dafür die Finanzierung zu sichern, ist er unversehens Mitglied der Spezialisten- oder Entscheidungsgruppe. Von da an trägt er de facto Verantwortung für das Projekt.

Um sich in diesem vielschichtigen und komplizierten Gebilde Betrieb zurechtzufinden, bedarf es des geschulten Auges des Menschenkenners. Sehr oft stellt der Verkäufer fest, daß sein Gesprächspartner zwar seinen Vorschlägen folgt, aber „nicht kann, wie er möchte", weil es Gegenströmungen gibt. Was kann die Ursache dafür sein?

Einen wichtigen Ansatz können Rollenkonflikte bieten. Die Person in der Organisation hat eine bestimmte Rolle zu spielen, das heißt, die Erwartungen an das „richtige" Verhalten des Inhabers dieser speziellen Stelle sollen erfüllt werden. Die Frage, die man sich stellt, kann heißen: Wie spielt der Gesprächspartner seine Rolle? Aufgesetzt, widerwillig oder souverän? Das Gespür für die nur gespielte Rolle kann Anlaß sein, im engen persönlichen Kontakt mehr darüber zu erfahren, was der Partner möchte (vielleicht kann man ihm dabei helfen). Der souveräne Rolleninhaber ist mit (fast) allem einverstanden, was man von ihm (von oben her) will und findet dabei auch noch persönliche Befriedigung. Seine Motive liegen auf der Hand und können als Gesprächsleitfaden dienen.

Stellen wir uns zur besseren Handhabung von Organisationen, Hierarchien, Kompetenzen und Entscheidungsmöglichkeiten unseren Kundenbetrieb einmal als eine Struktur von Macht und Machtkonstellation vor. Es sind nämlich nicht wenige Betriebe, deren interne Machtkonstellation sich dem Betrachter vollkommen im Gegensatz zu dem erklärten Willen seines Managements darbietet. Ein Beispiel soll dies illustrieren: Da ist zunächst der Machtanspruch des Betriebsinhabers. Er vermittelt ihn seinen Führungskräften. Diese setzen ihn „nach unten" durch. Auch sie üben damit

Macht aus und ziehen ihrerseits andere Kräfte in die Machtausübung ein.

Einzelne üben selten Macht aus, auch wenn sie über organisatorische oder materielle Voraussetzungen verfügen. Machtbeziehungen entwickeln sich erst mit der zunehmenden Anzahl abhängiger Außenstehender. Macht braucht offenbar Abhängige. Zunächst setzt man innerhalb einer allgemein anerkannten Ordnung ein Recht durch: „Ich bin der Betriebsinhaber", „ich der Stellvertreter", „ich sein Prokurist", „ich Abteilungsleiter und dessen Stellvertreter", „ich der Assistent der Geschäftsleitung". Dann werden die Außenstehenden in ihrer Beziehung zum Machtzentrum differenziert: „Du bist (‚nur') Handlungsbevollmächtigter", „Du (‚zwar') Abteilungsleiter (‚aber als Assistent des Chefs habe ich den größeren Einfluß')" usw. Alle, die nicht zum engeren Führungskreis gehören, werden abgestuft und durch diese Art der Teilung in verschiedene Interessenlagen gestaffelt.

So entsteht – gewollt oder ungewollt – die Hierarchie. Im Zentrum steht die Staffel der Betriebsinhaber, umgeben von den „Teilhabern" der Macht und dem „Stab" der Dienstbeflissenen. Um sie scharen sich die qualifizierten, aufstiegswilligen Mitarbeiter. Bei allen, die sich zum Zentrum der Macht zählen, herrscht Konsensus: Wir vertreten das Betriebsinteresse, wir halten zusammen, wir springen füreinander ein, passen aufeinander auf, helfen uns von Fall zu Fall und teilen nach Bedarf. Insoweit herrscht eine Solidarität als Basis all dessen, was das mit sich bringt: gleiches Ziel, gleiche Interessen, Helfen und Teilen, man sitzt im gleichen Boot und hält zur Stange.

Daraus entwickelt sich wie von selbst koordiniertes Kollektivhandeln. Im Macht- und Entscheidungszentrum ist man sich einig über das Ziel, stützt man sich gegenseitig; man ist eine Gruppe. Natürlich ist dieser Zusammenhalt mit materiellen Vorteilen verbunden. Die Begünstigung dieses intensiven Vergesellschaftungsprozesses der Unternehmer und Leitenden sind aber auch anderer Art. Praktizierte Solidarität schafft Elitebewußtsein, Sicherheit, Geborgenheit, das Gefühl des Geschütztseins. Eine solche Gruppe wird ein Überlegenheitsbewußtsein entwickeln.

Die Macht des Unternehmens ist gestaffelt. Eindeutig ist die Zugehörigkeit des Top-Managements zur Machtgruppe. Das mittlere Management als zweite Staffel zählt sich selbst dazu, hat aber de facto bereits nämlich die Funktion der Exekutive und des Verstärkers, es „drückt durch", was die oberste Leitung will, und es spielt den Blitzableiter für eventuelle Mißerfolge. In Großbetrieben ist die Zugehörigkeit des mittleren Managements zum Machtzentrum oft fraglich, eher ambivalent, eine Ja-Nein-Beziehung.

Macht hat ihre Helfer, Macht zieht an. In der Hierarchie, die gleichzeitig die Funktion einer Aufstiegsordnung hat, bahnen sich viele den Weg. Sie wollen Karriere machen. In der dritten Staffel finden wir die dem System angepaßten, meist qualifizierten Mitarbeiter, die sich aufstiegswillig zeigen. Ihr Verhältnis zur Machtgruppe ist meist positiv.

In der vierten Staffel schließlich stehen die Neutralen, das Gros der Mitarbeiter, die (vom Machtprozeß) Nichtbetroffenen. Wer „neutral" ist, dem kann nichts passieren; er hat, ganz gleich, was sich oben tut oder ändert, nichts zu befürchten.

Der Betrieb im dritten Aspekt, in dem wir ihn als Sozialgebilde begreifen, ist der eigentliche Betrieb. Fachliche Kompetenz, Persönlichkeit und Einsatz des Verkäufers müssen auf ihn gerichtet sein. – Wie sind die Machtstrukturen? Welche Macht hat mein Gegenüber? Wie kann ich mir Autorität in diesem lebenden Organismus Betrieb verschaffen bzw. stufenweise erarbeiten?

Wie verhalten sich meine Gesprächspartner in Anwesenheit höherer Vorgesetzter? Wie ist der Führungsstil? Sind die Menschen gedrückt, fühlen sie sich frei, oder sind sie gar stolz auf ihren Betrieb? Auf welche Persönlichkeitstypen treffen Sie in diesem Betrieb? Welcher Typus herrscht vor? Welchen Typus hat man „gezüchtet", oder haben sich die vorherrschenden Typen im Laufe der Zeit nur „angehäuft", weil man keine qualitative Personalpolitik betrieben hat?

Jedes Unternehmen ist ein eigener Organismus, manchmal vielschichtig und kompliziert, gelegentlich auch einfacher strukturiert und besser überschaubar. Dennoch darf man sich nicht auf die offizielle Bezeichnung von Positionen verlassen. Wichtiger sind die durch das ganze Unternehmen hindurch funktionierenden Gruppenstrukturen formeller und informeller Art. Informelle Gruppen gibt es vor allem in den hierarchischen Ebenen: auf der Vorstands- bzw. Geschäftsleitungsebene, auf der Ebene der Direktoren und Hauptabteilungsleiter. Weitere informelle Gruppen bilden sich in den Fachgruppen, bei den Ingenieuren, Kaufleuten, Technikern, Meistern, Akademikern, Sekretärinnen.

Diejenigen Partner, die regelmäßig guten Kontakt zueinander haben, besitzen auf längere Erfahrung beruhende gegenseitige Erwartungen. Die zwischen ihnen stattfindenden Informations- und Überzeugungsprozesse haben eine gute Chance, vom jeweiligen Partner beachtet zu werden, und der Verkäufer sollte sich in diese Prozesse kreativ und helfend einschalten. Bedenken Sie dabei aber folgendes: Im allgemeinen wird eine Information danach bewertet, wer sie ausspricht und wie sich die Kommunikationspartner gegenseitig einschätzen. Wer als „glaubwürdig" gilt, darf hoffen, daß seine Information wohlwollend beurteilt wird. Wer den „richtigen" Ton anschlägt und sich auf die Überzeugungen und Werte des Kommunikationspartners einstellt, erleichtert die Annahme seiner Information.

# Literatur

ASENDORPF, JENS: Keiner wie der andere – Wie Persönlichkeitsunterschiede entstehen (Ergebnisse einer Langzeitstudie des Max Planck-Institutes für psychol. Forschung), München 1988

AMELANG, MANFRED und AHRENS, HANS-JOACHIM: Brennpunkte der Persönlichkeitsforschung, Göttingen 1984

HALL, CALVINS: Theorie der Persönlichkeit, München 1978

HERRMANN, THEO: Lehrbuch der empirischen Persönlichkeitsforschung, Göttingen 1976

ROSNER, LUDWIG: Persönlichkeitsanalyse, München 1985

ROSNER, LUDWIG: Voraussetzungen, Eigenschaften und Fähigkeiten der Führungspersönlichkeit, München 1983

ROSNER, LUDWIG: Persönlichkeitsanalyse, in: Führungslehre – Grundlagen und Anwendungen, Ehningen 1991

SCHNEEWIND, KLAUS A.: Persönlichkeitstheorien, Darmstadt 1984

ZERBIN-RÜDIN, EDITH: Vererbung und Umwelt, Darmstadt 1985

# Der Autor

**Ludwig Rosner**
ist Vorreiter einer Entwicklung, die den Menschen in den Mittelpunkt der Wirtschaft und des Betriebes stellt. In seinem neuen Buch ist es der Kunde in den mannigfaltigen Facetten der Persönlichkeit, die er aus reicher Erfahrung als Unternehmensberater und Dozent seinen Lesern ans Herz legen möchte.

# Weitere Fachbücher zu
# Verkauf und Karrierestrategie

M. H. Mc Cormack
**110 Prozent**
Spitzenleistungen aus eigener Kraft
1992, 299 Seiten, 72,– DM

Wolf W. Lasko
**Stammkunden-Management**
Strategien zur Umsatzsteigerung
1993, 292 Seiten, 78,– DM

Wolf W. Lasko
**Small talk und Karriere**
Mit Erfolg Kontakte knüpfen
1993, 176 Seiten, 58,– DM

Wolfgang Maderthaner
**Der Kundenmanager**
Das Erfolgskonzept
im Verdrängungswettbewerb
1991, 198 Seiten, 84,– DM

Willem F. G. Mastenbroek
**Verhandeln**
Strategie – Taktik – Technik
1992, 256 Seiten, 72,– DM

Uli Müller-Schwarz /
Bernhard Weyer
**Präsentationstechnik**
Mehr Erfolg durch Visualisierung
bei Vortrag und Verkauf
1991, 228 Seiten, 76,– DM

James W. Pickens
**Closing**
Erfolgsstrategien für
offensive Verkäufer
1989, 319 Seiten, 72,– DM

James W. Pickens
**Masterclosing**
Die Erfolgsgeheimnisse
der Sales-Manager
1993, 256 Seiten, 72,– DM

D. Schneider/ /W. Rechtien
**Die Macht des Arguments**
Sicher auftreten, klar
formulieren, mit Überzeugung
gewinnen
1991, 261 Seiten, 64,– DM

Udo B. Schwartz
**First Class**
In Spitzen-Restaurants und
Top-Hotels professionell
auftreten
1993, 224 Seiten, 68,– DM

Rosemarie Wrede-Grischkat
**Manieren und Karriere**
Verhaltensnormen für
Führungskräfte
1992, 332 Seiten, 72,– DM

Stand der Angaben und Preise:
1.7.1994
Änderungen vorbehalten.

## GABLER

BETRIEBSWIRTSCHAFTLICHER VERLAG DR. TH. GABLER, TAUNUSSTRASSE 52-54, 65183 WIESBADEN